はじめに　〜きみはどこからきたの？

「女性」として生きることを選択し、父親になる可能性を自ら消したはずの私が「パパ」になりました。

２０１９年5月29日。もも、あなたは確かに、「かーちゃん」から生まれてきました。午後１時36分。分娩台で懸命に頑張るかーちゃんの隣で励ましたり、タオルで汗をぬぐってあげたりしていた私は、「う、うぇーん」というものの産声を聞いた瞬間、それまで体験したことのない感情に包まれました。それは、無事にこの世に生まれてきてくれたことへの腰が抜けるほどの安堵《あんど》感、そして最高に心地いい光のごとき幸福感でした。感動、という言葉では表現しきれない強く幸せな想いです。

「あぁ〜〜生まれた〜〜」

感情がほとばしるような歓喜の声を上げていた私の隣で、かーちゃんは叫びました。

「もっと泣け――――！　もっと泣け――――‼」

何を言ってるんだろう、と一瞬思いましたが、より元気な声で泣けるよう励ましている

ことに気づきました。呼応するように、ももの泣き声は、

「うえ――ん、うえ―――ん！」

といういわゆる赤ちゃんの「おぎゃあ、おぎゃあ」に近いような本当に元気なものになっていきました。

体重測定や必要な検査のため、ももが部屋の奥に運ばれたとき、かーちゃんは私の目をまっすぐに見据えて言いました。

「これはなかなかの大仕事だったよ‼」

……本当に、そうでした。告白すると、一言も痛いとかつらいと言うことなく、文字どおり歯を食いしばって、ももを産み落とそうといきみつづけるかーちゃんの強さに私は心から感動し、生まれる少し前からもう泣いていたのです。

そして、無事に生まれてきた、ももの産声。まさに、とんでもない大仕事を目の当たりにした私は、信じられないくらいの感情の高ぶりの中にいました。

しばらくして、ももがかーちゃんのおなかの上に運ばれてきました。初めての対面です。少し顔が横を向いていたももと私の目が合いました。眠そうで目が半分閉じそうなももと、私は確かに見つめ合ったのです。思わず口をついて出た言葉は、

「きみはどこからきたの――――?」

不思議な気持ちでした。ほんの少し前まではこの世界にいなかった「いきもの」、生まれたばかりのいのちが目の前にすわって私を見ているのです。紛れもなく、かーちゃんと私の子です。

いのちの誕生を「生命の神秘」とか、「神聖な奇蹟《きせき》」と表現することがあります。自分に子どもが生まれたこのとき、私は真にその意味を体感的に理解しました。さらに言えば、「何があっても目の前のこのいのちには、かなわない」と感じたのです。いちばん大切なはずの自分の存在よりもはるかに大切な存在、それが目の前の赤ちゃんでした。

会うのは初めてなので、挨拶をしました。

「ママだよー!　パパだけど、ママだよ~」

分娩をずっと支えてくれた助産師さんたちが、ちょっと不思議そうな感じで、でも優しい笑みをたたえた表情で見つめていました。ももは狭い産道を通ってこの世界に出てくるのに疲れていたらしく、ほどなくして眠ってしまいました。

こうして私は、「パパだけど、ママになりました」。

ももが生まれる前、かーちゃんと相談していたのです。生まれてくる子どもに、それぞれなんと呼ばせようか、と。私はパパと呼ばれることには抵抗がありました。でも、さすがにママはひとりしかいないし、そう呼ばせるのもちょっとな……と思っていました。そこで、としちゃん、とか名前で呼んでもらうのはどうか、と提案しました。するとあなたのお母さんは迷わずに言ったのです。

「『ママ』でいいじゃん。私は『かーちゃん』がいいから」

「え、でも『ママ』って呼ばれたくないの？」

「ううん。ママじゃないほうがいい。私は『かーちゃん』がいい。だから『ママ』にしようよ」

その言葉にあらためて自分は、パートナーに恵まれたなと思いました。そして、このときに覚悟が決まりました。

私は、パパだけど、ママとして親になるのだ、と。

そして、いま、ももは3歳2か月になりました。

「ママー、これほちぃー」

と甘えてきたり、

「ママ、あっち行って！」

と冷たくされたりもしますが、私のことは、「ママ」として認識してくれているようです。でも、かーちゃんのことはまだ、「たーたん」と呼んでいます。最近は、使いこなす言葉もどんどん多くなり、自己主張や、ときに驚くほどの大人びた発言も増えてきました。確実に、自我の芽生えの段階を終えて、物心がつこうとしているように見えます。

保育園の友だちについて話すのも日常の風景になってきたいま、ふと思うのです。ももには、ほかとはちょっと違ううちの家族の形がどう見えているのか、と。父親と母親、パパとママがいて、自分……なのですが、私はいわゆる一般的な「パパ」とは少し違う存在です。

1年ほど前、こんなことがありました。ももと遊びに行った公園で、5歳くらいの女の子がじーっと私を見つめたあと、聞いてきました。

「女の子？　男の子？」

子どもの素直な気持ちから出た言葉にママは一瞬ひるみそうになりましたが、笑顔でこう返しました。

「……女の子だよ」

「そっかー」

そう言ってその子は、何事もなかったかのように遊びを続けました。そう、私はももから「ママ」と呼ばれてはいるものの、当然ながら生物学的なママではなく、パパです。でも、ママと呼ばれる人生を選び、本当のママであるかーちゃんと、もも、という3人家族になりました。ももから見ると、うちの家族は、「ママと、かーちゃんと、私」なのです。

最愛のわが娘・もも、あなたは明らかに友だちとは違う形の家族をもっています。その原因をつくったママはやっぱり心配になります。ママという存在のせいで、嫌な思いをしたり、学校でいじめられたり、悩んだりさせてしまうこともあるのでは、と。とくに、多感な思春期を迎えたときのことを想像すると、不安は募ります……。

だから、私はももにとって恥ずかしくない、誇りに思える「パパだけどママ」でありたいと常々願っています。それでも、どうしても疑問や怒りの感情に包まれることもあるかと思います。

「うちの父親なんなの、パパだけどママって」と――。

だからこそ、私はきちんと話しておかなければいけないと考えました。ママは、どうして男性として生まれながら、「女性」として生きようと決断したのか。

どうやって人生を共に生きるパートナー・かーちゃんに出会い、一緒に生きていきたい相手だと感じたのか。そして何を願って子どもをもつ選択をして、いかにして、ももという奇蹟が誕生したのか、ということを。今後、ももが成長するなかで、折に触れてこうしたことは話していこうと思っています。

でも、面と向かってすべてを話せるかどうかわかりません。ひょっとしたら、いつしか会話のない親子の関係になっているかもしれません。そんなことにはならないと、信じていますが。思春期といわれる人生の一時期、親に反発するのは、当たり前のことですし、ママもそうでした。だから、いま、こんな形できみに語っておきたいのです。

かくして、この本は、多感な思春期の入り口、将来12歳になったももへの手紙として書くことにします。

『パパだけど、ママになりました』もくじ

第1章　「ママ」がまだ男の子だった頃のお話

第2章

「ママ」がまだ男性で、東京に来て頑張っていた20代の頃のお話

第3章

「ママ」がまだ男性だけど、自由に生きていいんじゃないかと気づいた中東特派員の頃のお話

第4章

「ママ」がついに、女性として生きていこうと決めた頃のお話

第5章

「ママ」が「かーちゃん」と出会って、結婚する頃のお話

第6章

「パパ」だけど、ついに「ママ」になりました

第1章

「ママ」がまだ男の子だった頃のお話

また男の子か

ママが子どものころの話をします。

2人目の子として、「ママ」こと私が生まれたとき、母、つまりもものおばあちゃん（神戸ばあば）は、「女の子じゃなかった……」と思ったそうです。それを見透かすかのように、ママのおばあちゃん（ももの曾祖母＝ひいばあば）は、

「また男の子かー、なんか思ったらあかんえ～。見てみぃ、このなかでいちばん綺麗《きれい》な顔してるやないの！」

と、新生児室のベッドに並んだ赤ちゃんたちを示しながら京都弁で諭《さと》したとか。それを聞いた神戸ばあばは、「確かにそうやな……」と思い、元気になったのだ、とママは自分の生まれたときの話として聞いています。


1973年9月26日、こうしてママは京都の京大病院で次男として生を受けました。京都出身のばあばが帰省して出産したので、ママは京都で生まれたのです。だからママにとって京都は「京都のおばあちゃんとおじいちゃん」にいつもかわいがってもらえる大好きな

場所でした。ももが耳の形を受け継いだおじいちゃん（ももの曾祖父＝ひいじいじ）は中学のときに亡くなりましたが、大人になるまで、毎年数回「京都のおばあちゃん」の家に行っていたし、いまでも京都はママにとって特別な町です。

本当は２人目にして初めての女の子を期待されたけど、男の子として生まれたママは、神戸ばあばの愛情を受けながら、２歳年上の兄と３歳年下の弟の３人兄弟で元気に成長していきました。小さいころは、とにかくお兄ちゃんについていくのに必死で、いつも追いかけていた記憶があります。なんでも真似をしたくて、遊びや言葉遣い、それに好きなテレビも影響を受けていました。活発で運動が好きで得意だった兄について回ると、必然的に公園で駆け回ったりかくれんぼしたり……といった遊びが多くなります。自分が男の子か女の子かということはまったく意識をせず、ただただ元気な子どもでした。３歳と３か月、まさにいまのももくらいのころ、神戸市垂水《たるみ》区の団地から北区の新興住宅地の一戸建て（いまの神戸ばあばの家）に引っ越すまでは、そんな日々でした。

引っ越しして変わったいちばん大きなことは、山を切り拓いて開拓された住宅地なので、自然にあふれた環境だったことです。広い庭で泥んこになったり、山に隣接する公園で虫捕りをしたり、遊びも、より野性的なものになっていきました。公園はいくつもありましたが、そんなところに行かなくても、当時周囲はまだ空き地だらけで、蝶々やカマキリ、コオロギやバッタ、大きなトンボなど、虫がどこにでもたくさんいたし、野花はあちこちで咲き誇っていました。

兄に言われて、蜜蜂を捕まえて最初はうまくいったのに、2回目に刺されてしまい、泣いたりしたこともあります。とにかく、のびのびと楽しく過ごしていました。

もうひとつ変わったのは、近所の子どもたちと遊ぶ機会が増えたことでした。ママの生まれた1970年代初頭は「第2次ベビーブーム」と呼ばれ、毎年生まれる子どもの数が200万人を超えていた時代でした。ももの同級生は87万人しかいないのと比べると倍以上の多さです。だから、神戸の田舎の新興住宅地にも、子どもがあふれていました。

兄に連れられたり、ばあばに連れられたりして近所の子どもたちと遊ぶうちに、何人か仲良しの友だちができていきました。とくに覚えているのは、「あきよし」くん率いる3兄弟と「まり」ちゃんと「じゅんこ」ちゃんのいる3人きょうだいです。あきよしくんたちと遊ぶと、野球やかくれんぼに缶けり、虫捕り、家では漫画を読んだり野球盤をしたり、といった遊びが中心でした。

一方で、まりちゃんたちと遊ぶと、四つ葉のクローバーを探したり、野花で首飾りを作ったり、山に入って山菜を摘んだり、家では「ままごと」や「お医者さんごっこ」をしたり、シールや文房具を見せ合いっこしたり、といった種類の違う遊びになりました。こうして4歳か5歳くらいから、少しずつ、ママは男の子と女の子は違う遊びをするんだな……と幼心に感じていったのです。

ただ、時は昭和の真っただ中、１９００年代もまだ20年以上残っていたころです。ももの育っている、すでに21世紀も20年以上経過したいまとは、社会風俗や文化がかなり違います。当時はまだ男女であらゆることを分けることが「当たり前」の時代でした。たとえば、「お医者さん」は男性で女性は「看護婦さん」、電車の「車掌さん」は全員男性で、飛行機の「スチュワーデスさん」は全員女性といったふうに（日本では、いまでもほとんどのＣＡ〈キャビンアテンダント〉さんが女性ですね、おかしなことに。でも海外では、まったく違います）。

ママは、そんな「男の子の遊び」も「女の子の遊び」もどちらも好きでした。でも、次第に女の子と遊んでいると、「女や〜」と兄にからかわれることに気づき、嫌だなと思っていました。しょうもないですね、本当に。ただ、神戸ばあばは、ママが「ままごと」をしていても、「男の子なのに……」と言うような人ではありませんでした。あるとき、「ままごとセット」を買ってくれて、とてもうれしかったのを覚えています。一方で、当時はやったロボットアニメのおもちゃ「超合金」はいくらおねだりしても買ってくれませんでした。いま思うと、高価だったからでしょう。

ということで、ママは男の子とも女の子とも楽しく遊ぶ子どもでした。兄がもっている野球帽に憧れるけど、まりちゃんたちのもっているかわいい女の子のものも欲しい、そんな子です。型にはめられることなく、のびのび育ててもらいよかったと感じています。

だからももにも、自分の好きなことを好きと言える環境をちゃんと与えてあげたい、と思っています。いちいちイチャモンをつけてきて嫌な思いをさせる兄のような存在は、わが家にはいらないからです。「男の子だから……」とか「女の子だから……」といったあらゆる主張は、まったく聞くに値しないか、おかしなものだとママは思っています。とくに、「女の子だから○○できない」とか「女の子だから□□がない」といった言説は、基本的に疑うべきなのです。

たとえば、「女の子は理数系が苦手」、「女性だから総理大臣になれない、適性がない」といった「意見」や諦念・思い込みです。こうしたジェンダー（社会的・文化的につくられる性役割）で職業や適性を規定しようという慣習は、近年、不適切であるばかりか、社会の発展という観点からも見直すべきという認識が日本でも広がっています。看護師は女性がなるものだから看護婦、なんておかしいことは明らかなので、看護師、と呼ぶようになったのもその一例です。

ただし、いまでも、「男女平等は絶対に実現しえない反道徳の妄想です」などという愚かな言葉を国会で垂れ流した議員が政務三役に任命されたりする国なので、もも、ひょっとしたら、きみが12歳になったころにも、そうしたおかしなことを言う人は、いるかもしれません。でも、そうした社会の壁や障害物を軽やかに乗り越えていける、そんな知恵と意思、そして力をもった強くしなやかな人になってほしいとママは願っています。

なんやこの変な顔

4歳の4月にママは幼稚園に入りました。兄に比べて友だちをつくるのが苦手で、人見知りをする性格だったママを心配し、ばあばが兄より1年早く入れることにしたそうです。

幼稚園時代で思い出すのは、いろいろな遊びです。「おゆうぎ」をしたり、水彩絵の具を使ってお絵かきをしたり、ひな祭りなど季節の飾りを作ったり、夏にはプールで遊んだり、冬にはゼリーのカップに色紙を小さく切って水を入れて外に一晩おいて凍らせた「たからばこ」を作ったり……。

いま、ももが保育園で体験しているさまざまな遊びを見ながら、ママは自分の幼稚園時代を思い出しています。でも、ひとつ大きな違いがあることにも気づいています。それは、ももは1歳になる前から保育園に通いはじめたことです。最初のころは朝、保育士さんに抱っこで渡すときに泣いたりしたものの、すぐに慣れて毎日元気に通っていますね。ママが幼稚園に行きはじめたのは4歳でした。にもかかわらず、ママは通いはじめたころ毎朝泣いていたそうです。自分ではまったく記憶にないのですが、幼稚園から高校まで14年間ずっと同じところに通った貴重な親友のひとり・百瀬くんが大人になってから教えてくれました。きっとママのお母さん、つまり神戸ばあばと別れるのが寂しくてめそめそしていたんだと思います。ママは小さいころから、甘えん坊だったのです。

その性格はももも受け継いでいる、とかーちゃんは言いますが、確かにそうですね、ももは甘えるのがとっても好きな子です。すごく小さいころから毎日保育園に行って頑張っているももが甘えるのは当たり前だし、一緒にいるときはできるだけ甘えさせてあげようとかーちゃんもママも思っています。

もうひとつ、幼稚園時代を振り返って強く心に残っていることがあります。それは、ママは自分の顔が嫌いだったことです。幼稚園の1階の玄関を入ってすぐの廊下の壁一面に大きな鏡がありました。入園したとき、ママはそのすぐ近くのたんぽぽ組だったので、毎日自分の顔を見る機会があったのです。思えば、それだけ大きな鏡で自分の顔を見るようになったのは、幼稚園からでした。初めて自分の顔がどんなかを、まじまじと見るようになり、客観視した結果、「なんやこの変な顔」という感情になったのでした。なぜかはわかりません。

でも、とにかく、自分の顔は変だと思っていました。だから両手でほっぺたを押してつぶして変な顔をしたり、目を伸ばしたりして、どうすればもっといい顔になれるかしょっちゅう試していた記憶があります。また、友だちのAくんはかっこええのになぁ……と他人と比較して自己嫌悪に陥ったりもしていました。おそらく、この悩みは、神戸ばあばにも打ち明けていたはずなのですが、どういうふうに励ましてくれたかあまり覚えていません。きっと「ええ顔してるから安心しぃ」みたいなことを何度も言ってくれて、少しずつ受け入れられていったのか、否《いや》が応でも慣れていくしかなかったのでしょう。

この経験から、ももに何度も伝えたいことがあります。

「もも、きみの顔は誰が何と言おうと言うまいと、絶対にすばらしい」

ということです。なぜなら、ももは世界にひとりしかいないからです。つぶらな瞳も、かーちゃんにそっくりなちょこんとした鼻も、口も、京都のひいじいじから受け継いだ耳も、すべてはももを成す大切な体の一部なのです。だから、もっとここが大きければ……とか思うことがあったとしても、受け入れて、自分の顔や体を抱きしめてあげてください。

存在を受け入れて、自分を肯定してあげることは本当に大事なことです。これは本当に重要なことなので、何度も伝えていきます。

さらにひとつ、このころ気にしていたことがあります。ママは自分の声も好きではありませんでした。……なんか、自分のことが好きになれない「ややこしい（関西弁で面倒な、の意）」子ですね、われながら。当時、4～5歳のママの声は、少しだけしゃがれていて、ハスキーでした。兄や友だちと遊ぶときに大きな声で叫びすぎていたからなのか、理由はよくわかりませんが、とにかくその声が、友だちとは違っていて「変」であるように感じていたと記憶しています。とくに、神戸ばあばの知り合いや親戚から「この子、声がちょっとハスキーやね」などと言われたことが何度かあってから、気にするようになったのだと思います。

小さいころは、他人の言うことをとても敏感に気にして心に病むものです。ママは、大人の言っていることを割と敏感に察知する子どもだったのか、こうした傾向は、大学生になるころまで続いたのでした。声については、成長とともに少しずつ変化して、ハスキーさも薄れていきました。でもいまなら、ハスキーボイスのままでも素敵だったかも、なんて考えたりするのです。

こうして幼稚園のころを振り返ると、本当に自分に自信をもてない子どもだったな、とあらためて気づきます。でも、神戸ばあばを中心に、いつも愛情を注いでもらって少しずつ自分のことを受け入れて、優しさを育てていくことができました。

いまも覚えているのは、幼稚園からの帰り道、お迎えなしでひとりで帰るとき、当時道端にたくさん生えていた秋桜《コスモス》の花を摘んで、神戸ばあばに「どうぞー」と渡していたことです。そうすると、神戸ばあばは、うれしそうににっこり笑って、

「としはるは優しい子やね。ありがとう」

と言ってくれました。褒めてもらえるのがうれしくて、ママは何度も花を摘んで帰って渡したものです。神戸ばあばは、いつも庭にその秋桜を植えていました。いつしか、庭には無数の秋桜が咲き誇るようになっていました。

いま、庭に秋桜はありません。時とともに記憶が薄れるように、いつの間にかなくなっていったんですね。もも、ママは小さいころに神戸ばあばに褒められるのがうれしくて、たくさん花を摘んで帰ったように、ももがうれしくなるように、いっぱいいっぱい褒めようと思っています。

だからどうか、自分を嫌いにならないでください。好きになるのはなかなか難しくても(それも10代後半までには目指してほしいとママは願います)、まずは自分という存在を受け入れて、少しだけ抱きしめる気持ちをもてるようになってください。ママは、幼いももが自然とそうなれるように、いつも褒めつづけます。

いつか女の子になりたい

歩いて西門までは3～4分。走れば2分、小学校はとにかく近くにありました。幼稚園のほうがはるかに遠かったのに、神戸ばあば曰く「独立心を育てようと」お迎えなしの日が週に何度もあったことで（まあ……治安がよかったということですね〈笑〉）鍛えられていたママは、入学後「新1年生は上級生と集団下校しましょう！」という最初の1か月、不満でたまりませんでした。どうやら神戸ばあばの狙いは奏功したようで、せっかく小学生になったのに、小さい子ども扱いされているようで嫌だったのです。2歳年上の兄が3年生で常にお兄ちゃん風を吹かしてくることも影響していたかもしれません。

入学から確か1か月ほどが過ぎると、集団下校はなくなりました。毎日の帰り道、ひとりで石けりをしたり、フェンスの狭い隙間に沿って歩いたり、公園のつつじの花を摘んで蜜を吸ったり、いろいろな遊びをしながら家路についたものです。文字どおり、走り回って遊んでいました。最初は緊張して学校生活を送っていましたが、徐々に慣れて、友だちができると本当に楽しい毎日でした。

ママが低学年のころは、テレビゲームがなかった時代です。遊ぶといえば、外で走り回ったり、男の子は野球やかくれんぼに缶けり……と昭和感があふれていました。家での遊びは漫画を読んだり、ボードゲームをしたり、がメインでした。学校では休み時間に女の子とも遊びましたが、自分が男なんだという自覚はあったママは、放課後はほとんど男子とばかり遊んでいました。女子と遊んでいるのを兄に見つかったらからかわれる、という恐怖も大きかった気がします。兄がとくに意地悪だったわけではなく、そういう時代だったのかもしれません。

ももが近い将来に迎える小学校生活では、男女の差を意識することなく、気の合う友だちと誰にも気兼ねすることなく遊べるといいな、と思います。

誰かを好きになる、ということに強い関心をもちはじめたのは、小学校1年生になって数か月が経ったころでした。ある日、帰宅して留守番中に、ふと好きな子を紙に書き記したい、という衝動が湧いてきたのです。家に自分以外誰もいない、という妙な「安心感」がちょっと大胆な行動につながった気もします。とにかく、ひとりでドキドキしながらチラシの裏紙に、当時好きだった女の子3人の名前と順番を書き、いちばん上に「すきな子」とタイトルのように書いたのでした。

大失敗だったのは、しばらく眺めて満足したあと、なぜかその紙を捨てずに1階の居間に置き忘れたことでした。

運の悪いことに、最初に紙を発見したのは、誰より見つかってはいけない兄でした。

「うわー、すきな女やって――」

と大騒ぎされ、

「返してー」

と泣きながらママは訴えましたが、紙を届かない高さに上げてひらひらさせながら、兄にからかわれつづけたのをはっきりと覚えています。本当にしょうもない兄ですね。まあ、世の兄の多くは、小学校時代そんな存在なのかもしれません。

帰宅した神戸ばあばに、「人を好きになるんは当たり前やねん。なんにも恥ずかしくないんよ」と慰められても、どうしてそんな恥ずかしいことを紙に書き残したのか、そして何より、兄に見つかるような事態を招いてしまったのか、後悔と兄への怒りに打ち震えた夜でした。

そんな「大事件」を起こし、二度と好きな子の名前を紙に書いたりしない、と幼心に誓ったママでしたが、そのころから、本当に紙に書けないばかりか、誰にも言うことさえできない夢を見るようになっていました。

それは、不思議な穴かトンネルのような場所を落ちていくと、男の子のはずのママが女の子になっている、という夢でした。

自分が男の子であるという自覚はあったものの、なぜか、いつの日か女の子になりたい、という願望がはっきりと出てきていたのです。

この夢想の時間は、寝る前のベッドの中が定番でした。寝る前にひとり想像を膨らませて、女の子になった自分を考えたり、かわいいドレスを着るのを夢想したりするのは、何かいけないことを考えているような背徳感と相まってか、ギュンギュン刺激を受けるどきどきの時間でした。何度もそんな秘密の想像を重ねるうちに、夢でも見るようになっていきました。

繰り返し見る同じ夢。いつしか大きくなったら本当に女の子になれるのでは、と錯覚を起こすほどでした。でも現実の自分は男の子。いま振り返ると、決して実現しないことを感じつつも、ひとときの心の安らぎをもたらしてくれる時間を、この時代のママは必要としていたのかもしれません。男の子と女の子の身体的な違いや、遊び方の違い、友だち関係など、いろいろな側面から男女には「境界線」が引かれていることに気づいていたのでしょう。そして、その見えない線を越えることは自由にはできない、ということにも。

昭和の時代の小学校では、出席番号や座席、ランドセルの色はもちろん、友だちのグループづくりまで、あらゆるものが男女で明確に分けられていました。最近では、こうした傾向は見直されていると聞きます。性差による区別が自由な個性の発達を阻害してはよくない、という発想からでしょう。ママの時代はそうした考えはまだなく、自由は制限されていたため、想像の世界で感じる自由を何よりも楽しんでいた気がします。


だからもも、ママはももにも、子どものころの空想や夢想を大事にしてほしいと思っています。なぜなら、それらの中に、ももという人間の大切な核となる願望や嗜好《しこう》、価値観が含まれている可能性が高いと思うからです。

結局のところママは、子どものころ夢見た「秘密のトンネル」は実際の世界には存在しないことにやがて気づき、目の前の現実と「うまく折り合い」をつけて大人になりました。それでも、30歳を超えてから、いつの日か自ら閉ざしたトンネルを再び掘り進めて、いまのママになったのです。けっこう時間はかかりましたが。

もも、ももには自分の見つけた夢のトンネルを掘り進め、希望する出口を目指して、のびのび生きていってほしいとママは願っています。わが家には、こっそり書いた紙の内容をからかったり、騒ぎ立てたりする兄のような存在はいません。ももは自由です。思ったときに行きたい場所へ羽ばたいていけばいいのです。ママはいつも、ももが生きたいように生きられるように応援しています。

40年経っても忘れられない「号泣事件」

小学校にもすっかり慣れたママは、運動会のかけっこで1位になったり、冬のマラソン大会で学年2位になったりの活躍などで「足の速い子」という小学校ではかなりリスペクトを得られる強みも生かし、2年生ではクラスの中心的な存在になりつつありました。

同じ小学校の2学年上にいる兄の存在も大きかったと思います。いつも兄貴風を吹かしてくるのをうっとうしく感じながらも、足が速く運動神経がよかったり、たくさんの遊びなどを教えてくれたりする兄をやはり尊敬していたのです。負けたくない一心で、勉強でも運動でも積極的に取り組むことでよい結果につながっていたのでしょう。また、その兄やおしゃべり好きの神戸ばあばを中心に、毎晩のように夕食後いろいろな話をしていたことで、ママはとても「口の立つ子」になっていました。学校でもよく議論をしたり、ときには口げんかをして相手を泣かしてしまったり、という事態が起こることもありました。

2年生の担任は、美人だと評判の女性の先生でした。運動ができて勉強もまずまずだけど、いわゆる優等生タイプではなく、「ようしゃべる目立つ子」だったママをもて余すところがあったのかもしれません。細かなことでよく注意されたりすることがあり、ママは不満に感じていました。

そんなある日、事件は起こりました。下校前の「おわりの会」の時間、あることをきっかけにママが隣の席の女子、Fさんを泣かしてしまったのです。彼女はいつも綺麗にアイロンがけされたふりふりの服を着て、髪も三つ編みにしたり、巻いたり、飾りも何か必ずつけているような子でした。いま思えば、そんな「女子らしさ」がうらやましかったのかもしれません。

ハンカチとちり紙の持ち物チェックの時間でした。机の上に出してあったママのハンカチを見て彼女が言いました。

「あんたー、何そのハンカチー？　めっちゃ汚いやん。それ誰がつつんだん？（そう、なぜか彼女はハンカチを折りたたむ、ではなく、『つつむ』と表現したのです）」

「え、お母さんやで……」

言われて急に恥ずかしくなりました。それまでハンカチのたたみ方を意識したことがなかったのです。

「えーー‼　そんなはずないやん⁉　自分でやったんやろ？　お母さんやったら、絶対もっと綺麗につつんでくれるはずよ〜」

そう言って、「ほら〜〜！」と得意顔でキッレーーイにアイロンがけされたフリフリのハンカチを見せるのでした。そのギャップに恥ずかしくなると同時に、「母親を含めた『女子力』の差」をひけらかしてマウントを取ってくる態度に、しがない7歳の少年でしかなかった「ぼく」は反射的に男の子的な恫喝《どうかつ》口調で言い返していました。

「だからお母さんやって言っとぉーやろ！　うるさいんじゃ！」

大好きな母、神戸ばあばを悪く言われたことへの怒りも、強い口調に反映されていたと思います。

こうしてFさんは泣きました。すぐに。ママの逆襲は効果てきめんだったのです。そして、なかなか泣きやまないので騒ぎになりました。机に突っ伏して両手で顔を押さえながら泣きつづける姿を見て、周囲の子が先生に「谷生くんがFさん泣かしました〜」と報告します。先生からしたら「また谷生か……」という思いもあったのかもしれません。あまり事情を聞くこともなく「謝りなさい」と言われたママは、悔しくてしばらく黙っていました。すると全体に向けて先生はこう宣言しました。

「谷生くんが謝るまでみんな帰れません！」

（え……？　なんでなん……）

そう思いつつも、しばらく意地を張りつづけました。教室は、いつまでも泣きやまないFさんと真一文字に口を結んだママを注目しつづけています。しばらくすると、早く帰りたい子たちが騒ぎはじめました。高まるプレッシャーに、ついにママも折れるときが来たと判断しました。そこで、隣を向いて小さな声で言ったのです。

「ごめんね」

「……（両手で顔を押さえて泣きつづける）」

確かに小さな声でしたが、聞こえなかったことはない、とママはいまでも思っています。

ところが、騒ぐ子らを前に、事態の収拾を図った先生が「謝ったか？」と確認した問いに対し、Ｆさんは顔を上げないまま首を横に強く振ったのです。

（⁉　……なんでやねん‼!）

先生は教壇から「おわりの会」の終了と帰宅の合図を出します。

「谷生くん以外は帰ってよろしい」

同級生たちは次々に教室を出ていきます。Ｆさんも顔を押さえたまま最後のほうに部屋をあとにしました。残ったのは、険しい顔をした先生とママの２人だけです。

次の瞬間、静まり返った空間を切り裂くように、激しい怒号が飛んできました。

「あんたが謝らへんから、Ｆさん泣いたままやったやないの‼　どうするつもりなん⁉」

ママは何も言えませんでした。あまりの激しさに圧倒され、怖くておびえていたのです。

「……いまからでも間に合うかもしれへんから、追いかけて謝ってきなさい」

そう言われたら、行くしかありませんでした。校舎を出て、Ｆさんの家の方角に続く長い直線道路の脇にある、学校の駐車場に走っていきました。道路との境界には水色に塗られた針金製のフェンスが続いています。

泣きべそをかきながら、フェンス沿いの駐車場を走りつづけます。100メートルほど行ったところに、ひとり歩くFさんらしい姿を見つけました。

（……はぁ、はぁ………おった！）

顔を覆ったまま歩いています。左斜め後ろからフェンス越しに話しかけました。

「Fさん。……ごめんなー」

今度は、少しだけ振り返り、確かにうなずくのが見えました。

教室に帰ると、先生が待っていました。謝ったかどうか聞かれたので、うなずき、自分の席に戻ると、堰《せき》を切ったように涙があふれてきました。

ママは声を出して泣きました。悔しかったのです。自分にとっては「些細《ささい》なこと」で理不尽なまでに追及され、クラス全体を前に叱責されたことが。自分の言葉を信じてもらう機会も与えられなかったことが。何より、「ぼくは謝りました」と言えなかった自分自身が。

嗚咽《おえつ》して、息が苦しくなるくらい激しく泣きました。考えてみれば、親以外の大人に、そこまで激しく怒られたのは、人生初の出来事だったかもしれません。

家に帰っても、このことを誰にも話しませんでした。学校で泣いたことを兄にからかわれるのも嫌だったし、説明してもあまり意味がないと思ったのかもしれません。

この出来事以降、それまでのようにクラスでのびのびと過ごすことが難しくなりました。その年もマラソン大会では学年2位になるなど、華々しい出来事もあったはずなのに、2年生の記憶をたどるとき、いまも思い出すのは、この号泣事件なのです。大人になったいまでもこれだけ深く印象に残っているのですから、幼かった当時のママには、やはり強烈な出来事でした。残った2年生としての日々は、暗い気持ちになることが多かったのも当然のことです。ただ、3年生になると、学校生活はまるで違うものに変わっていきました。

3年生の担任は、熱心だと評判なベテランの男性の先生でした。8歳からすると、「おじいちゃん」のように見える存在でしたが、ママのことをなぜかとても気にかけてくれて、すぐに好きになりました。4月の最初の日々で何か光るものを感じてくれたのかもしれません。

この先生は、スポーツなどでグループ分けをする際、「谷生、お前がリーダーや」といつも指名したうえで、クラスを引っ張るように励ましてくれました。もともと、両親や周囲の人に注目してもらって、かわいがられるのが大好きな性格です。褒められると、がぜんやる気になるというものです。

とくに国語の授業で朗読を褒められたり、違う意見を戦わせるように議論するなかでいつも中心になったりして、「どんどん思うように発言したり行動してもいいんだ」という自信を与えてもらったことが大きかったと思います。

ママはすっかり元気になり、運動でも勉強でも積極的に先頭に立って取り組むようになっていきました。するとどんどん結果が出て、さらに自信をつけていく、というポジティブな循環が生まれたのです。４年生になるころには、自分はクラスや学年の中心的存在なんだ、という意識もはっきりもつようになっていました。

これらの経験を踏まえて、ももに伝えたいことがあります。小学校では、友だちとの出会いも重要ですが、同様かそれ以上に大事なのは、ももが本当に信頼し、もものことも信頼してくれる先生に出会えることです。これは運によるところが大きいので、ママは、ももが小学校でよい出会いに恵まれることをただただ祈っています。でも、祈りだけでは太刀打ちできないような不運や、つらい場面に遭遇してしまうことがあるかもしれません。人生とはそういうものだからです。だから、どうかそんなときは、苦しい心を打ち明けてほしいのです。ママにでも、かーちゃんにでも。全部を言うのが難しいときは、少しだけでもいいのです。そうしたら、きっとママもかーちゃんも、何か力になれるはずです。私たち2人は、いつも、ももの味方であるということだけは、忘れないでいてください。

アホ兄弟の「ハゲ！事件」

のびのびとした学校生活を取り戻した3年生以降、学校で自分の思うように行動できることが増えていて、ママはいろいろなことに自信を深めていきました。勉強でもスポーツでも、頑張れば周囲の友だちに勝てる、という経験の積み重ねなどから、自分の個性について肯定感をもてるようになっていたのでしょう。何か自分の「核」というか、「人とは違う自分」というものについて、根拠はないものの確かな自信が確立しはじめていたのかもしれません。

「ぼくは何があっても大丈夫や」という自信は、ネガティブに作用することも十分考えられたと思いますが、4年生の担任だった山﨑加由利先生は、ママを非常にかわいがってくれました。最初の数日こそ、「いちびり？（関西弁で『お調子もの』の意）」と言われたりしましたが（……まあ、確かに当時のママはちょっと「いちびり」でした）、リーダーとしてクラスを引っ張っていって、ということをいつも伝えてくれました。

その期待に応えようと、自分から率先して「お楽しみ会」などのクラス行事を提案したり、ふだんの授業でも積極的に発言をしたり……とクラスの中心的存在になっていくのに時間はかかりませんでした。こうして、学校はママにとって「自分の居場所」になったのです。家で嫌なことがあっても、学校に行けば山崎先生やクラスの友だちが自分に注目してくれる、という環境は、とっても重要な精神安定剤になっていました。

実際にちょうどそのころ、家では、神戸じいじから殴られたり、激しく罵倒《ばとう》されたりすることが頻繁に起きていました。それは、いまでいうと「虐待」と呼んでいいほどの暴力でした。


一度こんなことがありました。

雨降りで外では遊べないある冬の日曜日の午後、兄と弟と3人で「すごろく」遊びをしていたときのこと。兄が特別追加ルールを思いつきます。あるマスに止まったら、「父が昼寝をしている1階の部屋のドアを開けて『ハゲ!』と叫ぶ」罰ゲームをする、というものです。当時、薄毛が始まっていた神戸じいじに、ママが「ハゲ」というあだ名をつけていました。当然面と向かって言うと怒られるか、殴られるので、陰で言っていました。昼寝の時間は静かにする、というのは、何度も怒られた結果、学習した不文律でした。

こんな罰ゲームを本当に実行したら、大変なことになるのは自明でした。が、そこはアヽヽホな6年生男子の兄のこと、「笑える」のでやろう、となったのです。果たして、ゲームをしていくと、やっぱりママがそのマスに止まってしまいました。

怒って殴られないように、と2階のトイレにこもる用の防寒具や本などを用意して、2人が待ち構えるなか、ママは1階へ。神戸じいじが寝ていた部屋の引き戸を開けて、「ハゲ！」と叫びました。急いで2階へ走って駆け上がり、トイレに逃げ込んで鍵をかけます。

「…………」

何も起きません。神戸じいじは1回目だからか、見逃してくれたのでした。

事件は弟が次にそのマスに止まったときに起きました。弟が1階で「ハゲ！」と叫んだあと、逃げてきて2階のトイレに駆け込むよりも早く、ガラーッ！と1階の寝室の引き戸が激しく開けられる音がしました。神戸じいじが飛び出してきたのです。事態が一気に緊迫して、兄とママが、弟をトイレに入れて鍵をかけます。次の瞬間、到着した神戸じいじが怒り狂って怒鳴りながら、ドアを激しく叩きました。

「開けろ――！　オラ――‼　開けろ――‼」

あまりの剣幕に小学生３人は完全におびえて、震えるばかり。開ければどんな暴力にさらされるか、考えるのも恐ろしいほどの怒り方でした。それでも、ママは主張しました。

「あかん！　開けたらあかん‼」

しばらくは頑張りつづけました。が、怒り狂って激しく拳《こぶし》を打ちつける父親の迫力は、本当にすさまじく、ドアが壊れるかも、と思うほどでした。ついに恐怖に屈した兄は、泣きそうな顔をしながら、「開けよう」と言いました。

ドアが激しく開けられ、いちばん前にいた弟には目もくれず、ママは首根っこをつかまれて、引きずり出されました。そして、廊下の角の柱に、何度も何度も後頭部を打ちつけられました。「ふざけたことしやがって――‼」

神戸じいじが叫びながら、鬼のような形相で殴りつづける姿を覚えています。兄も何発も殴られていました。

こんな、いま振り返っても恐怖な出来事があっても、父親にひどく殴られたという悔しく悲しい思いは、「いまに見とけよ」という反骨精神になっていきました。子ども時代を振り返るとき、父親から何度も虐待のような暴力を受けたことは、ママの人格形成に大きな影響を与えました。卑屈になってもおかしくなかったと思いますが、ママの場合、絶対に大人になったら大きなことを成し遂げて父親を見返してやる、というパワーに転換できたのです。そんな前向きな考えをもつことができたのは、神戸ばあばの愛情が大きかったことに加え、「自分の居場所」になっていた学校の存在がとても重要な役割を果たしていたからだと思います。そこは、自分らしさをのびのびと発揮できる場所でした。

だから、ももにもそんな場所を見つけてほしいと願っています。もちろん、ママがももに暴力を振るうことは決してありません。自分がされた悔しく悲しい思いを、ももに味わわせたくないからです。かーちゃんだって、もものことを決して殴ったりはしないでしょう。2人とも、うちがももにとって大切な居場所であるようにいつも意識しています。ただ、うち以外にもそうした場所をもつことは、きっと迷える思春期の子どもを助けてくれる力になるはずです。大人になったいまこうして振り返ると、ママの場合は、それが小学校でした。

自宅以外の「居場所」が見つけられるよう、ママとかーちゃんは、いつもいろいろな機会を提供していきますね。

「めちゃめちゃ綺麗やーん」

4年生の夏から秋にかけて、友人関係に大きな変化がありました。それまでとは違い、女の子の友だちが増えたのです。親友と呼べるような親しい関係の子もできて、放課後にグループで遊ぶようになりました。山﨑先生が醸し出すクラスの雰囲気にも助けられて、ママは自分らしさを開花させていたのだと思います。

「まさに天衣無縫、のびのびとした学校生活です」との言葉が通知表の所見欄に書いてあったことを覚えています。実際、4年生のママは何にでも積極的に取り組み、のびのびと学校生活を送っていました。

当時の小学生女子の間で流行したのが、交換日記です。好きなかわいいノートを使って、仲良し同士で日記を書き合い、交換するのです。3年生までは見られなかった現象なので、思春期に入った女子ならではの流行だったのかもしれません。家で書いた日記を学校でひそかに交換し合う女子を見て、ママはうらやましく感じていました。自分もやりたかったのです。でも、男子はそんな習慣にはまったく関心はないようだし、「交換日記は女子のもの」という共通認識が高い壁となっていました。

男女の違いについて、それまではあまり真剣に感じたことも、考えたこともありませんでした。でも4年生くらいから、芸能人や流行の音楽の話題を始めたり、なんとなく女子が大人びた行動をとったりするようになっていました。ママは交換日記をその象徴的な存在のように感じていたのかもしれません。

だからママも、どうしても交換日記がしたかったのです。そこで、女子5人とママを入れた男子2人、合計7人の仲良しグループで交換日記をしよう、と提案したのでした。仲間内にしかわからない名前でその日記を呼ぶことにして、「7《なな》」と名づけました。

始めてみてわかったのは、交換日記に書くことは、誰だれが好き、とか、恋のあみだくじ、とか他愛《たわい》のない内容がほとんどだということでした。でも、色をたくさん使ったペンなどでカラフルに書かれたページが、どんどん追加されて自分のところに戻ってくるのが楽しみで、「めっちゃ女子らしいことしてる」と、ママは大満足でした。自分の番が来ると、少しでもかわいくしようと、一生懸命カラフルに書いたりして頑張ったものです。

そのころ、ママはメンバーのひとりの女子と「両思い」ということになっていました。

あみだくじではいつも下からたどって「結ばれる」ようにしたり、交換日記上でも公然の関係でした。明るくてひょうきんな性格の子で、確かにその子のことはとても好きでした。よく「7」のグループで彼女の家に遊びに行ったり、学校でも近くの席に座ったり、本当に仲良しでした。ただ、「好き」という気持ちが恋愛感情だったのか、いま振り返ってみると、わからなくなります。ひょっとしたら、そのころ、ママはグループ内のもうひとりの男の子・Iくんのことを好きだったのかもしれないな、と思ったりもするのです。

交換日記の楽しさを知ったママは、その後、そのIくんと2人だけで交換日記を始めていました。こちらは「男の子どうし」でする交換日記、ということで、文字どおり「禁断の行為」のようなドキドキ感をもちながら続けていたことをはっきりと覚えています。

1年生のときに「すきな子リスト」を書いたりしましたが、2~3年生では誰が好き、という恋愛的な気持ちはあまりもっていませんでした。4年生になって、男女混合の仲良しグループができて、そのなかのひとりが好きだと思うようになっていた形です。当時、「好きになる対象は異性」という考え方しかママは知りませんでした。自分が男子である外形的事実ははっきり認識していたので、男の子を好きになる、という発想自体がまったくもてなかったのです。

4年生の仲良しグループ「7」が小学校時代のなかでもとくに印象に残っているのは、男女の差を意識することなく、学校の内外で楽しく遊んだことや、交換日記という親密な関係まで築けたことへの甘い郷愁のような気持ちからかもしれません。

交換日記のページはすごい速さで埋まっていき、3冊目か4冊目くらいまでいったと思います。でもその後、5年生に進級してメンバーのクラスがバラバラになったり、Iくんが引っ越してしまったりもあって「7」から名前を変えて続いていた交換日記は終わりを迎えたのでした。

もうひとつ、4年生の思い出で大きなものがあります。4年4組では、グループごとに出し物をする「お楽しみ会」というイベントが定期的に開かれていました。

各グループがそれぞれコントをやったり、劇をしたり、何をするかは自由で、とにかくいちばん楽しみなイベントでした。

あるとき、ママのいたグループでは、『おこりじぞう』という広島の原爆を題材にした絵本を劇にすることになりました。そして、ママが主人公の女の子役をやることになったのです！　確か、いちばんウィッグ姿が似合うから、という理由だった気がします。家に女性用のウィッグ（かつら、と呼んでいました）をもっているメンバーがいたので、それをかぶって演技をする予定でした。

でも結局準備不足で劇は完成せず、内容を変更してグループの男子メンバーが女装をする、という出し物になりました。ウィッグをかぶって、口紅を塗って、胸にボールを入れて……という簡単な女装です。でも、本格的なウィッグをかぶったのは初めてで、それだけでもママは胸が躍る思いでした。とはいえ、そこは「小学生男子」のこと、「嫌なふり」をしていました（笑）。

迎えたお楽しみ会本番。３～４人の男子メンバーが順番に女装姿を披露して、最後にママの番になりました。廊下でウィッグをかぶり、神戸ばあばから借りてきた口紅を塗ります。急いでボールを両胸に入れて完成です。グループの女子メンバーから「谷生くん、めっちゃ綺麗」と言われていたので、反応が楽しみでした。

ドアを開けて教室に入った瞬間、「うぉ～」というどよめきが起こりました。最後尾から見ていた山﨑先生が「めちゃめちゃ綺麗や――ん！」と叫びました。クラス中が賞賛の言葉をくれた、幸せな記憶が残っています。実際にはそんなこともなかったはずですが、とにかく、ママは有頂天な気分でした。その瞬間だけ、「秘密のトンネル」をくぐって、女の子になれたような、そんな甘い気持ちがしたのです。

あまりにも反応がよかったので、『おこりじぞう』のシーンを演じてみせて、さらに注目を浴びて、喝采を受けました。

出し物の終わりに記念写真を撮りました。その写真は、いまも神戸の実家にあるアルバムに残っています。少し緊張したような表情で、でもとっても幸せな顔をしている女装をした10歳の少年。それを見るたびに、お楽しみ会のときに感じたうれしい気持ちが鮮明によみがえります。

そのころ、周囲の女子のなかには、すでに第二次性徴期を迎えて、体つきに変化が出はじめている子もいました。そのことに何か焦りのような感情をもっていたことを覚えています。自分にはこんな変化は来ないんだろう、ということを感じていて、むしろ逆に男性らしくなっていくことへの恐怖心が芽生えていました。そんななか、初めての女装で周囲から「綺麗」と言われたことが、「まだ大丈夫、女の子になれる」という感覚を与えてくれたのです。

交換日記とお楽しみ会での女装。ママが実際に恋愛感情として誰が好きだったのかはさておき、交換日記が始まった4年生の後半からの日々は、「性の目覚め」といってもいい時期だった気がします。それは、自分のセクシャリティーや性的指向がわからず、周囲からの「普通」や「あたりまえ」を信じるしかないなか、楽しいクラスの雰囲気と男女混合の仲良しグループのおかげで、自分らしくいられた時期でした。

ももがどんな人を好きになるのか、まだわかりません。異性かもしれないし同性かもしれません。大事なことは、自分の気持ちに素直に耳を傾けることです。周囲にどう思われる、とか考える必要はありません。誰かを好きになる、ということは、本当に素敵なことなのです。もし悩むことがあれば、いつでもママやかーちゃんに相談してください。

好きな人のことを相談されたら、きっと2人ともちょっとドキドキするでしょう。でも、平静を装って何かアドバイスをするはずですから。

もう子どもじゃない

5年生になったころ、家庭で変化が起きていました。兄が中学校に入り、小学校まではまったく違うイメージのタイプになったのです。スポーツ万能で運動会ではいつも1位、学校を代表するリレー選手で活躍し、最後は応援団長、小学校での兄は学校の中心的な存在でした。家では、兄貴風を吹かしていろいろ嫌なこともされましたが、それでもやはり自慢の存在でした。

中学に入り、得意な運動を生かす部活もせず、塾に通い、真面目に勉強する……両親の方針もあったと思いますが、地域でトップの県立進学校に入るため、という目的を前に、兄は少なくとも対外的には別人のようになってしまったのでした。本人も不満があったのだと思います。家では反抗期が激しく、たびたび母と衝突し、ときには暴れたりすることもありました。

ママは年齢が近かったせいか、直接的な暴力やいじめはなく、「うまくやっていた」と記憶しています。それでも、兄弟3人で楽しく遊んでいた日々は過ぎ去り、谷生家は、新しいフェーズへ突入していました。思春期の反抗期を絵に描いたような状態の兄、その入り口でいろいろと考えはじめていたママ、無邪気な2年生の弟……大変だったのは、そのすべてを受け止めてひとりで仕切り、育児という形で3人と向き合っていた神戸ばあばだったと思います。

このころ、ママは神戸じいじとの関係について悩みを深めていた神戸ばあばの相談相手として、文字どおり何でも聞くようになっていました。きっと身近でいちばん話しやすかったのだと思います。この状況は、ママの学校での振る舞いにも変化を与えていきました。大人の話をちゃんと聞いている、という自覚から「もう子どもじゃない」という自信へもつながっていった一方で、学校では、明るくのびのびした生活から、休み時間には大人のミステリー小説を読みあさる、という内向的な過ごし方をするようになりました。

大人向けのミステリー小説やノンフィクション、分厚い児童文学などを読むことで、現実世界のことわりや大人社会の仕組みを垣間見つつ、ある部分では現実逃避をしていたのかもしれません。ただ、精神的な成長が一般的に男子よりも早い女子のなかに、気のおけないよき友人がいたのは、4年4組がもたらしてくれた僥倖《ぎょうこう》でした。5年生の後半、「7《なな》」の友人のひとりと、好きな大人向けの小説情報を交換し、語り合ったり、休み時間には2人で読書にふけったりしたことを覚えています。

つまらん大人は許さん!

6年生のクラスは、友人に恵まれ楽しい日々でした。1学期と2学期でそれぞれ、いちばん仲のよい友人が少し変わったりしましたが、中学受験に入った組とそうではない組の違いで、ママは受験しない組の友だちと季節ごとの遊びを楽しんでいました。

担任は大柄な若い男性の先生で、ママは目につく存在だったのか、何かにつけていつも注意されていました。作文や絵画などで褒められることもあり、当初はとくに苦手でもありませんでした。それまでの知見を生かし、「うまくやっていた」のだと思います。よき友人たちとの時間も、再びのびのびと学校生活を送れるエネルギーになっていました。

精神的にも、このころまでにはまた大きく成長していたのかもしれません。担任からの個人攻撃ともいえる「指導」にもひるむことはありませんでした。


秋も深まったころ、こんなことがありました。理科の実験で自作のろうそくを使って、固体と液体と気体について学ぶ時間、ただ一生懸命やっていただけなのに、「遊んでいた」と断じられ、クラス全体を前に、1メートルの定規を机に激しく叩きつけながら怒鳴りまくられる、という事件が起きたのです。

理科室から教室に帰ったとき、クラスメートから「あれはひどかったな、大丈夫？」と心配されたほどの激しさでした。大柄な男性教師の怒号にはもちろん驚きました。それでもおびえることはありませんでしたが、大きく心はかき乱されました。

同じ週の別の日、リレー大会での出来事です。アンカーだったママは2位でバトンをもらうと、第1コーナーで前を走っていた女子を抜かし、リードを大きく広げてトップでゴールテープを切りました。ところが、「内側から抜かした」という理由で失格になってしまったのです。

しょんぼりして迎えたおわりの会で、みんなその男性教師が何を言うか注目していました。「残念やったな」といった慰めの言葉をくれるのかな、とママは思っていました。しかし、その教師から発せられたのは、想像もしていなかった悪意の塊のような言葉でした。

「みんながっかりせんでもええ。喜べ。結果は、**あれでよかった。いつも体育の球技でもなんでも、威張っている谷生でも**失敗することがわかったんやから。だから喜べ」

……いま思い出しても、胸が悪くなります。なんて意地悪な嫌味なんでしょう。あまりにひどい嫌味をタラタラ言われ、ついにママの堪忍袋の緒が切れました。

帰宅して、理科の実験のあとに誤解から激しく怒鳴られた話、リレーで失格して悲しかったのに、クラス全員の前でひどい嫌味を言われたこと、とにかく理不尽な仕打ちが悔しくて、涙ながらに神戸ばあばに訴えたのでした。号泣しながらいかに自分の思いが伝わっていないか、真面目にやっていただけなのにどれほど悔しかったか、リレー大会後の悪意に満ちた言葉がどんなにショックだったか。そして、いつも自分だけ狙い撃ちをされるように、怒られ注意をされているのか。叫ぶように神戸ばあばに思いを伝えました。

ふだん滅多なことでは泣いたりしなかったママが号泣しながら訴えてきたことに、神戸ばあばはただならぬものを感じたと言います。それに、客観的に聞いておかしい、と感じた神戸ばあばは、すぐに担任に面会を求め、会って説明してくれました。その結果、後日急遽《きゅうきょ》開かれた個別面談で、「確かにいつも谷生を怒っていた」と認める発言とともに、「強い谷生にやったらきつく言っても大丈夫やと思った」というセリフが飛び出したのです。

確かに、6年生のママは目立つ存在でした。とはいってもまだ12歳の子どもです。そんな相手に、大の大人がいまでいうパワハラのような嫌味な発言を繰り返したことは、ボディーブローのようにダメージを与えるに十分でした。謝罪があったとき、ママは大いに溜飲《りゅういん》を下げました。同時に、「世の中、強い立場の人間がパワーを振りかざして理不尽な仕打ちをしてくることがある」と学んだのです。そして、そんな目に遭ったときは闘わなければ、とも心に決めたのでした。

このときは2年生のころとは違い、学校で起きた理不尽な出来事について心にため込むのではなく、何が嫌だったのか、論理的にきちんと家で思いを伝えられるようになっていました。

もも、先生との出会いはコントロールできません。幸運を祈るのみですが、先生が絡むことで何か嫌なことがあったとき、事態を好転させることは可能なのです。そのためには、大人の力、たとえばママやかーちゃんを頼ることが大切です。12歳のママはそれができるようになっていました。きっと、ももにも同じことができるはずです。

「たくさんの才能が眠ってるから発掘せなあかん」

これを読むのが実際にももが12歳のときかどうかはわかりませんが、ママが12歳のときに観た忘れられない映画体験を話します。

神戸じいじとばあば、兄と弟それにママ、家族5人で映画館に行ったのは、実はたった1回だけです。経済的に余裕のなかったうちにとって、映画館に行くのはとても贅沢《ぜいたく》なことでした。

6年生の冬、なぜか突然神戸じいじの発案で神戸の中心、三宮に映画を観に行くことになりました。選ばれた作品は、『グーニーズ』。アメリカの田舎町を舞台に、借金で立ち退きを迫られた家の少年たちが仲間と共に、海賊船の残した宝を探す、という冒険物語です。邪魔しようとするギャングたちとの戦い、手に汗握る冒険の数々、笑いとラストの感動……間違いなく、それまでに観た映画でいちばん面白く、ママは魅了されました。映画館が何度も笑いに包まれたのを覚えています。グーニーズの仲間たちが宝を発見し、物語は感動のラストを迎えます。映画館で涙したのも、この映画が初めてでした。

いまはもうなくなってしまった小さなスクリーンの映画館。そこで観た『グーニーズ』は、冒険のすばらしさ、冒険心をもつことの大切さ、何より映画の楽しさをママに教えてくれました。ちょうど担任にネチネチといびられていた時期とも重なり、またとない気晴らしにもなったのでしょう。家族みんなで過ごした幸せな記憶として、いまも心に残っています。

もも、きみともそんな映画を家族みんなで観る素敵な時間を、できるだけたくさんもちたいと思っています。そんな時間の積み重ねのなかで、ももが何か気づきや「悟り」を得てくれればと願っています。

ママにとって小学校高学年の時期、それは、家庭と学校の環境の変化とそれに伴う心と体の成長によって、自分なりの「悟り」を得た日々だったように思います。

卒業式、「昭和61年3月24日」で始まる、卒業生みんなが一言ずつ呼びかける「よびかけ」。そのなかで、ママの担当は「未来は、果てしなく広い」という言葉でした。気持ちを込めて、大声で呼びかけました。

そのとおりになったかは、いまもわかりません。でも、神戸の片隅で将来を夢見ていた少年は、果てしなく広い世界を飛び交う未来は手に入れました。そしてまだ冒険は続いているのです。新しく旅の仲間に加わった、かーちゃん、そして、ももと一緒に。

式のあと、山﨑先生からもらった一言は、いまもママを支えています。

「たくさん才能が眠ってんねんから、(両手で地面を掘るしぐさをしながら)ちゃんと発掘せなあかんねんで――――!」

もも、この言葉をいまも信じて、ママは頑張っています。そしてももにも、きっとたくさんの才能が眠っているはずです。自分を信じて、思う存分発掘してください。

ハゲになりたくない！

「ハゲ」。ママが育った当時の神戸では、ほとんどの男子中学生は「ハゲ」でした。関西では、男性の薄毛や頭髪がない状態のことだけでなく、いわゆる丸刈りの髪型のことも、「ハゲ」と呼んでいました。

それは文字どおり強制的でした。校則で規定されていたからです。男子は丸刈り、女子はおかっぱとする、と書かれていました。さらに運用上は、男子の丸刈りは、人差し指と中指で挟んだ2本の指の間から髪が見えたら違反で、女子は前髪は眉毛、後ろは肩についたら違反、と決められていました。

定期的に「服装検査」があり、違反者はビンタされました。めちゃくちゃですね。でも、そんな時代でした。何のためにそんなルールがあるのか。疑問に感じながらも、逃れる術《すべ》はありませんでした。

なぜ「ハゲ」が強制されたのか。まったくわかりません。80年代の神戸では、軍隊式の教育の名残があったのかも、という推察ができるくらいです。「服装の乱れは心の乱れ」だとか、「丸刈り・おかっぱは中学生らしい髪型」などという言説を垂れる教師もいました。

何のことはない、指導と管理がしやすい、という目的を満たすため、生徒の人権を無視したひどいやり方です。

「なんで女はハゲにせんでええのに、男だけハゲやねん！」

６年生が終わりに近づき、断髪の期限が近づくにつれて、ママはいつもこう憤っていました。めちゃくちゃに聞こえるかもしれませんが、当時ママにとって、「ハゲにする」ことは、とうてい受け入れられないルールであり、女子が丸刈りにするのと同じショックを自分が感じると思っていたのです。「気持ちが女の子だったから」、といえるかはわかりませんが、髪に対する想いは、女子と同じだったのです。

それは、まさに世の中の理不尽、無意味なルールを強制されるという象徴のような経験でした。ママは、納得できないことを「押しつけられる」のが大嫌いなのです。でも、闘う手段はありませんでした。

卒業式が終わり、春休みに入っても髪は切りませんでした。逃れる術はないことを認識しながらも、とにかく先延ばしにしたかったのです。

それでもついにデッドラインが来ました。

中学校の入学式前日。神戸ばあばが言いました。

「もう切らなあかんえ。明日入学式やし」

夕方まで粘って、天変地異などの奇跡が起きないか……すがるような思いでした。でも何も起こるはずはなく、テラスにセットされた椅子に座らされました。いつもの散髪用の椅子のはずなのに、この日は本当に死刑台のように感じられました。

「ほな、切るえ」

バリカンを手にした神戸ばあばがママのおでこにあてて、いよいよ刈りはじめました。

ヴィーン、バリバリバリ……

目の前を髪が落ちていきます。見たこともないような大量の髪が。

ヴィーン、バリバリバリバリバリバリ……

嫌な音を立てながら、冷たく、機械的に頭の上をバリカンが這《は》い回ります。

ヴィーン、バリバリバリバリ……ヴィーン、バリバリバリバリバリ……

もっと多くの髪が落ちていきます。

「(髪がなくなってる……)」

気がつけば、ママは涙を流していました。静かに、声も出さずに泣いていたのです。自分でも泣くとは思っていませんでした。本当に、知らないうちに涙が流れてきたのです。悲しくて、ただ悲しくて。

泣いているママを見て驚いた様子で、神戸ばあばが言いました。

「泣かんでもええがね～」

今度は声を出して泣きました。

ヴィーン、ヴィーン、ヴィーン……

刈る髪が少なくなっていき、「断髪式」は終わりました。おそるおそる頭を触ってみたときの気持ち悪い違和感は忘れられません。あったはずのものがなくなり、ザラザラした短い髪がちくちくと指先を刺激しました。「ハゲ」になった事実が感覚でも伝わり、さらに悲しくなりました。

神戸ばあばに促され、テラスから家に入り、よろよろと這いつくばるように歩いて鏡のある洗面所へ向かいました。あんなに鏡を見るのが怖かったのは、生まれて初めてでした。鏡の中には、ハゲになった少年がいました。涙でくしゃくしゃな顔をして。まるで他人のように感じられました。自分のはずなのに、自分とは思えなかったのです。「あ～、完全に男にさせられた」と感じました。女子はしない「ハゲ」はママにとって男の象徴でした。

「ハゲや……」

悲しみがとめどなく込み上げてきました。大切な体の一部が文字どおり剝ぎ取られてなくなったように思われました。ママは、この日の屈辱をきっと一生忘れないでしょう。そして、唾棄《だき》すべき無意味な校則を制定し、子どもたちに強制していた当時の教育を決して許すことはありません。「ハゲにさせられたこと」は、トラウマとして深く心に刻まれ、いまに至っています。

こうして入学した中学校での生活は、のびのびとした小学校とは打って変わり、「生活指導」という名の管理・束縛があらゆるところに張り巡らされた監獄のようなものでした。時は80年代半ば、全国的に「荒れる学校」が社会問題とされたころです。学校間の抗争や校内暴力、教師への暴力などが日常的にマスコミで話題になっていました。

いま振り返ると、戦前か戦中に軍隊式教育を受けた世代が指導的な立場となり、戦後間もないころに教育を受けた世代が若手教師、として学校を運営していた時代です。権威主義的教師像しか知らなかった彼らが、権威を失うことへの防衛策として、体罰や生活指導という名目で、管理や縛りつけを厳しく実施して、生徒の「非行化」を防ごうという考えだったのだと思います。

体罰は当たり前、気分で生徒を殴る教師たちを見て、世の中には理不尽があふれていることを学んだ3年間でした。体罰という恐怖で生徒を押さえつける教育に、疑問を感じながらも、ママは何もすることはできませんでした。ただ3年間頑張って地域のトップ校に進学することだけを考えて、我慢の日々を送っていました。

ハゲになったことで、自己肯定感にもネガティブな影響があったのか、小学校時代には気にならなかったことが気になるようになりました。周囲の視線が気になって仕方なかったり、神戸ばあばの作るお弁当が「ワイルド」すぎて、走って通学していた衝撃とも相まってぐちゃぐちゃになっていることを、女子たちから笑われたり……いま思うと、些細な笑ってしまうようなことですが、当時は真剣に心悩ませていたものです。

思春期に伴う体の変化や成長も気になるところでしたが、身長が伸びることについては、うれしく思っていました。いちばん嫌だったのが、毛が濃くなることでした。ひげやすね毛などがボウボウになることへの恐怖は大きく、どんどん毛が濃くなっていく同級生の姿に、すぐ先の将来の自分を感じて、慄《おのの》いていました。幸いママはひげもすね毛もあまり濃くならず、そこだけは救いでした。

鏡の中には「薄汚い自分」が

中学3年生の夏、忘れられない出来事がありました。夏休みに入り、生まれて初めて塾に通い、夏期講習に明け暮れる毎日でした。

そんなある日、隣の駅にある塾での講習を終えて、レンタルレコード・CDショップに行って、レコードの棚を物色していたときのこと。20代くらいの若い女性が入ってきました。狭い2階建ての店の2階フロアに、客はママとその女性だけでした。壁全体に鏡が張ってある店で、すぐにその女性に気づいたのです。

一言で言うと、派手な女性でした。華やかなフルメイクに香水をまとい、綺麗な長い髪をなびかせていたその女性がママの近くの棚に来て、同じ鏡に2人が映ったとき、稲妻に打たれたようにショックを受けました。

鏡に映ったのは、綺麗な女性と、薄汚いハゲの少年の姿でした。そのころ、うっすらと産毛のようなひげも生えてきて、剃《そ》ると濃くなるから嫌だしどうしようか悩んでいました。爪で挟んで必死で抜いていたママの顔は、どう見ても綺麗ではないと思ったのです。頭はハゲ、うっすらとひげまで生えた口元に、くすんだグレーのトレーナー姿は、本当に薄汚く見えて、すぐ隣の綺麗なお姉さんとの見た目のギャップの大きさが嫌で仕方なく、ショックでした。

そのときは、綺麗な女性にドキドキしたのだと思っていました。でも、いまではハッきりとわかります。少しずつ男になっていく自分が受け入れられず、いつか女性になりたいという潜在的な願望が目の前の鏡に映る自分を「薄汚く」感じさせたのだ、と。ママは、隣に立つ綺麗なお姉さんのように「なりたかった」のです。

小学校４年生のときのお楽しみ会での女装、ウィッグをかぶったときに得た高揚感と、「まだ負けてない」という謎の自信は、このときに完膚《かんぷ》なきまでに打ち砕かれました。ママは、大人の男性に確実に近づいていたのです。同級生の女子たちは、どんどん女性らしい体のラインを手にしていた一方で、自分はどんどん「ゴツく」なっていくことにも気づいていました。そして、15歳のママにできることは、ひげが濃くなるのを避けるため、必死に爪で抜いて脱毛する「絶望的な努力」をすることくらいでした。

陸上部の仲間たちとの時間や、修学旅行やキャンプ（「宿泊訓練」である、遊びではないのだ！と厳しく言われたのも懐かしいです）など、楽しい思い出もあります。でも、中学校の3年間は総じて「暗黒時代」として、ママの中では位置づけられています。それは、意味のない理不尽なルールを押しつけられて、希望しない見た目になることを強制された不自由極まりない日々でした。

もも、いまの学校教育現場には、ママの時代のような教師による体罰などは、ほとんどないと思います。神戸でも、丸刈りの強制はおかしいという議論が高まり、90年代に入って廃止されました。でも、いまだに「ブラック校則」と呼ばれる意味不明の校則に縛られている学校も全国的に多いといわれています。できるだけそうした学校は避ける選択肢を与えてあげたい、とママは思っています。でも、どうしても逃れられない状況になるかもしれません。そのときは、ぐっとこらえて、嵐の過ぎるのを待つことです。そして、自分の力で暗黒時代を終わらせるために自由な学校に行く力を蓄えてください。いまの日本でも、校則のない自由な校風の学校は比較的多くあるからです。

「冬来《きた》りなば春遠からじ」。イギリスの詩人の言葉です。つらく厳しいときが続いても、耐えていればきっと幸せなときが来る。長く寒い冬のあとには、暖かな春が来るのです。大切なのは、冬に春への備えをしっかりとすることです。

アメリカへの憧れ

「世界が広がった」……高校生になって感じた大きなことのひとつです。電車に乗って、山を切り拓いて造成された新興住宅地から海の近くの「町」へ降りていくのです。ガタンゴトンと揺れながらゆっくりしか進まない田舎の電車で、20分足らずの旅でしたが、徒歩での通学しか経験のないママには大きな変化でした。

念願かなって学区でトップの県立進学校である兵庫高校に入り、学校で成績順位が全体の半分以下になる、という経験も新鮮でした。やっぱりみんな勉強ができるんやなぁ、と驚きつつ、自分の世界がより広くなったことを感じていました。

高校に入ったころまでは、外科医になって活躍する夢を思い描いていましたが、数学や物理のあまりの難しさに、自分は文系であると悟り、夏休みに入るころにはあっさりその夢をあきらめていました。そこから将来の姿をどう描くか、新たな夢を探し求める旅が始まりました。

兵庫高校には校則がなく、「標準服」という名の制服はあるものの、私服登校も自由。いわゆる「生活指導」の類いは一切なし、という自由な校風はひと足先に入った兄から聞いて憧れていたとおりでした。教師と生徒の関係が対等ではないにせよ、ひとりの人間としてきちんと接してくれることも新鮮でした。

高校生活のみならず、人生にも影響を与えることが起きたのは、高1の夏休みでした。神戸と姉妹都市のアメリカ・シアトルから来た高校生との交流プログラムに参加したのです。さかのぼること2年前、兄が高1のときに同じプログラムに参加して、アメリカ人の高校生が1週間ほどうちに泊まったことがありました。そのとき兄がペラペラと英語を話していることがまぶしく、自分もいつかは、と思っていました。

2週間ほど滞在する高校生たちをもてなすイベントを企画したり、一緒に神戸の街を楽しむ街歩きをしたり、食べ物や飲み物をもち寄って盛り上がるパーティーをしたり……それは鮮烈な体験でした。体の大きいメンバーも多く、アメリカの高校生はみな大人びて見えました。ただ一緒にいるとやはり同じ高校生なんだ、と感じることもたびたびで、違いとともに共通項を見つけられたことは発見でした。

とくに印象的だったのが、アメリカの高校生たちは、男女で分かれて行動しない、ということでした。もちろん仲のよい同性同士の緩やかなグループはありましたが、遊ぶときは一緒に分け隔てなく談笑する姿に驚きました。対する日本側は、ほぼ男女別のグループで行動していました。

いま思えば、そうしたカジュアルな友人関係やソーシャライジングの仕方が心地よかったのだと思います。ママは一気にアメリカに「かぶれ」ました。大きめのTシャツを着て短パンをはき、サンダルばきでイベントに参加し、習いたての英語のスラングを使って会話を楽しむのです。中学までに覚えた英語を組み合わせれば、驚くほどスムーズにコミュニケーションが取れました。また、常に分厚い和英辞典をもち歩き、わからない言葉や表現はすぐに調べて即実践、というスタイルで、英会話力をどんどん伸ばしていきました。

街で英語を使ってアメリカ人と会話している自分が誇らしく、周囲の人が「何言ってるんやろ?」と話しているのを聞くと優越感を抱いたのを覚えています。英語を習得しはじめた高校生の若気の至りともいえますが、いまでは恥ずかしい限りです。

１９８９年。時代はバブル経済が最後の光を放っていたころです。強い経済力にも後押しされて、空前の留学ブームが起きていました。ホームステイして現地の高校に通う、という高校留学を募る団体や会社もたくさんあり、関連雑誌やパンフレットを読みあさっていたママは、当然のように留学を熱望するようになっていました。

ところがそんな経済力がうちにあるはずもなく、神戸ばあばには「大学で自分の力で行き」と言われて、高校でのアメリカ留学の夢は、現実の前にもろくも消え去ったのでした。大学で絶対留学すると心に決めつつ、少なくとも短期留学した人たちには負けないくらいの英語力を身につけよう、とも誓いました。

夢のように楽しい夏休みが終わり、2学期が始まると、1学期までの楽しい気分が一変していました。アメリカの高校生たちとの時間が楽しすぎて、日本がつまらなく感じるようになっていたのです。すべて男女で分かれて行動するスタイルや、思っていることを言わずに裏で悪口を言うなど、あらゆることが「しょうもなく」思えました。いま思うと、多少の差はあれ、アメリカでも似たような男女の壁はあると知っているので、当時の自分を優しく諭してあげたい気分になりますが。

もともと感情をはっきりと出すタイプで、コミュニケーション時のリアクションも大きいほうでした。アメリカの高校生たちとの2週間で、その部分が強化されたのかもしれません。ふと気づくと、高校で同級生たちから「動きが激しい」とよく言われるようになっていました。あまり気にしていませんでしたが、2年生になってその後かなり長い間引きずる出来事がありました。

「へんこ」と呼ばれて

同じクラスの女の子と他愛もない話をしていたときのこと。運動部のキャプテンを務めた活発な子でした。何かうまく噛み合わないなーと思いながら話していたら突然こう言われたのです。

「……へんこ？」

そのときすぐにはわからなかったのですが、「へんこ」とは関西弁で「変な子」の略で、「変わったへんな子」という意味です。要は、ママを変だと思ったということでした。とてもショックでした。それまでの人生で「谷生は変わっている」と言われたことはなかったからです。

「変なやつ」と呼ばれることは、クラスの嫌われ者やあまり友だちになりたくないダメなやつ、という烙印《らくいん》を押されたように感じられました。ママは、「みんなに好かれたい」という気持ちが強かったので、心がざわつきました。

「自分は変なのかな……」という疑問が突然突きつけられて、戸惑ったのです。以降、ますます他人からどう見られているかを気にするようになりました。高校生のママにとって、「変なやつ」とカテゴライズされることは、受け入れがたいことでした。

でも少しずつ、何を言われても気にするのはやめよう、と考えられるようになっていきました。高1のときに一緒にバンドを結成し、ライブをやった友人（ママはボーカルでした）と文化祭のステージで歌唱したり、体育祭の実行委員長をしたり、学年の中心的存在になって活躍する経験の積み重ねで、自己肯定感を確立できていったのだと思います。

もも、思春期には他人からどう思われているか、どう見られているのか、気になって仕方のないものです。ママがそうだったように。ただ、覚えていてください。他人にどう思われようが**関係ない**のです。10代は自分が何を好きで、どうしたときに幸せや喜びを感じるのか、それをひたすらに追求することこそが大切なのです。すぐには見つからないかもしれません。ただ、そのヒントになるものやきっかけを見つけさえすればよいのです。時間はかかっても大丈夫です。そして、他人の評価や評判を気にする必要はありません。

大人になってから観た映画『アリス・イン・ワンダーランド』に大好きなセリフがあり

ます。主人公のアリスは想像力豊かな子で、不思議でおかしな夢を見ることに悩んでいて、お父さんに相談します。お父さんの返した言葉が素敵で、大人になったママはいまからでも、この言葉を大事にして生きようと思ったのです。

「確かにきみはおかしくて、変わっているかもしれない。でもね、アリス。いいことを教えてあげよう。世の中の卓越した人間は、みんな変わっているんだ」

そうなのです、もも。歴史上すぐれた業績や成果を出した卓越した人たちは、多かれ少なかれ「変わっている」と言われてきたのです。変わっている、とは人と違う、ということです。それが「普通」とは違う発想や視点を生み、卓越した仕事を可能にするのです。

だから、「へんこ」大歓迎、変わっていることは、強みでしかないのです。

「Proud to be〝変〟」「〝変〟であることを誇りに」

高校生の自分にも言ってあげたいくらいです。それはできない相談ですが、ももに伝えることはできます。もしこれから〝変〟とか〝変わっている〟と呼ばれたら、気にすることなく、むしろ誇りに思ってください。

「ハゲ」で過ごした中学時代の屈辱から解放され、自由な高校生活を送ったのですが、ファッションへの感度が低かったママは、何を着ればよいのかわからず、いま一歩冴えない高校生でした。食べることが大好きで、毎晩夕食後に何か甘いものを食べるような生活でしたから、痩せたスリム体型とは程遠い「ガッチリ系」、かつ少しぽっちゃりの体型でした。「女の子になりたい」という願望さえ口にすることはおろか、「頑張ればかわいくなれる」というかつてあった自信もどこかに行ってしまったようなありさまでした。

そのころ、テレビで「ミスターレディ」と呼ばれるトランスジェンダー女性が脚光を浴びていました。それまでテレビで見るトランスジェンダーはカルーセル麻紀さんくらいで、ママは彼女も実は大好きでしたが、誰にも言っていませんでした。周囲から返ってくる反応が怖かったからです。ところが、「ミスターレディ」と呼ばれるブラウン管の美女たちは、それまでの概念を覆すような美貌とナチュラルな女性らしさで、広くメディアに露出して、一世を風靡《ふうび》する存在になっていました。

当然、ママは衝撃を受けつつ、家に1台しかないテレビで家族と見るときは、何の関心もないかのように装いながら、心の中でドキドキしていました。東京にはこんなに綺麗な人たちがいるんや……と、大学で上京することへの希望を膨らませていったのでした。

「ミスターレディ」たちの身の上話を聞いていると、男性が好きで中学を卒業して家を飛び出してゲイバーに転がり込んだ、とか、ファッション系の専門学校を卒業していて恋愛対象は男性のみ、といった話が多く、将来の自分のロールモデルとしては考えられない境遇がほとんどでした。ママは、いい大学に入って世界で活躍する、という漠然とした夢をもっていたからです。ゲイバーやショーパブで輝く「ニューハーフ（という言い方もこのころからよく使われるようになっていました）」にも憧れつつ、自分とは世界が違うのかも、と感じていました。また当時、男性が好きという認識もなかったことから、自分はなれないんだと思い込んでいました。

兵庫高校は自由な高校だったこともあり、同級生には、本当に多様で個性的な仲間たちがいました。私服通学が可能だったため、一年中私服の生徒や、戸籍上の性別は女性でも常に男性装で来る友人もいました。

自由な雰囲気の中、男女を問わず、よき友人に恵まれた楽しい高校生活でした。

もも、高校や大学時代の友人は貴重です。何の利害関係もない、人間性だけでのつながりで構築された友人関係だからです。大事な友だちをたくさんつくってください。そしてそのなかに、ひとりでも親友と呼べる友ができるとすばらしいと思います。

東京に行くんや！

少しずつ自分の世界を広げていきたい、と考えていたママは、大学は東京に行きたいと思うようになりました。せっかくなら神戸よりも都会にある大学がいいと考えたのです。その時点で、神戸より西はなくなりました。いまでは神戸よりも人口の多い福岡ですが、当時は、神戸のほうがずっと多かったのです。次に、大阪だと近すぎて実家から通わされるな、と思い検討対象から外し、名古屋はあまり印象がなく検討外、横浜は神戸のライバルなのでなし……と消去法でも東京が残りました。

実家を出てひとり暮らしをする、実はこれも大きな目的のひとつでした。3人兄弟の実家はいつも騒がしく、部屋は弟と共同で手狭、プライバシーなんてあってないようなものでした。テレビは居間に1台あるだけで、引き戸で隔てた隣室では両親が寝ていて、夜自由に見たい番組を見ることもできません。当時普及率がけっこう上がっていたビデオデッキもなく、映画も観られませんでした。

そして、神戸じいじの呪縛から自由になることも大きな目的のひとつでした。中学校に入ったころから直接的暴力を受けることはなくなりましたが、進路は神戸大学にしろ、など勝手に押しつけてくることへの強い反発があったのです。
東京の大学に通って自由に暮らしたい、となると当然相応のコストがかかります。神戸じいじは大反対でしたが、神戸ばあばはママの希望を尊重し、サポートしてくれました。ママは反対されても、生活費は自分で稼ぐつもりで、とにかく絶対に東京へ行く、と決めていました。

振り返れば、自由にテレビや映画を見たい、という願望は大きなモチベーションになっていました。テレビのチャンネルを選ぶ権利、いわゆる「チャンネル権」は絶対的に神戸じいじが行使していて、基本的に見たいものは見られません。それに経済的余裕がなかったことも大きく、『グーニーズ』以降、中学校時代を通して映画館で観た映画は一本もありませんでした。ようやく高校に入って、なんとか貯めたお年玉とお小遣いで2回映画館に行けただけでした。滅多にない機会なので、作品選びは慎重を期して行ったおかげか、2本ともいまも心に刻まれる作品でした。

1本は、小学校時代の恩師・山﨑先生からお勧めされた『いまを生きる』です。いまは亡《な》き名優ロビン・ウィリアムスが演じる型破りな国語教師が私立の名門男子校に赴任し、高校生たちに、詩の本当のすばらしさや、規則に縛られず自由に生きることの大切さを説く物語です。はじめは風変わりな指導スタイルに戸惑う生徒たちが少しずつ刺激を受けて、自由で自分らしい生き方を目指していくストーリーは、同じ高校生から見ても共感したほか、ラストの展開も感動的で強く印象に残りました。

もう1本は、1990年に大ヒットを記録した『ゴースト　ニューヨークの幻』です。こちらは感動するという評判の高さと、ロマンチックな恋愛物語を期待し、どうしても行きたくなって劇場に足を運びました。ヒロインのデミ・ムーアの可憐《かれん》かつ爽やかな美しさ、ウーピー・ゴールドバーグの熱演、主題歌「アンチェインド・メロディ」が流れる中の美しいラブシーンに魅了されました。そしてゴーストになった主演のパトリック・スウェイジがデミ・ムーアに気づいてもらおうと奮闘するストーリー展開に引き込まれ、ラストは号泣して、一緒に行った女子の友人が引いてしまうほどでした。

そして、もう1本、高校時代に劇場で観た映画も忘れるわけにいきません。映画館ではなく、神戸大学の学園祭で観た『ダイ・ハード』です。のちにシリーズ化されるなど、記録的なヒットとなったアクション映画の金字塔のひとつです。とにかく、ストーリーがどんどん進んでいく展開に圧倒され、さらにクライマックスでは感動に包まれ、終映後、しばらく立ち上がれないほどの衝撃を受けました。作品の舞台はロサンゼルスの日本人経営の超高層ビル「ナカトミ・プラザ」という設定で、80年代後半から90年代初頭にかけてのバブル経済に沸いた日本の経済力を象徴していて、いまでは考えられないところも面白さとなっています。

友人らとの映画づくりの経験も含め、高校時代は、忘れがたい映画との出会いがありました。数少ない劇場鑑賞体験、さらには「金曜ロードショー」などテレビでの鑑賞も貴重な出会いの機会でした。その番組のプロデューサーに将来自分がなるなんて、想像もしていませんでした。そして、『ダイ・ハード』のロケ地となった、ロサンゼルスにある20世紀フォックス（現在は20世紀スタジオ）の本社ビルに「金曜ロードショー」のプロデューサーとして、仕事で訪問することになることも。もも、人生って面白いものです。

映画に夢中になりすぎて勉学が疎《おろそ》かになったからではなく、部活に打ち込んだからでもなく、数学があまりにできなかったことが主な理由で、ママは浪人することになりました。

私立に行く経済的余裕はない、まして東京に行くなら当然国公立のみ、という条件が立ちはだかり、数学から逃れることを不可能にしていました。余裕がないので予備校にも行かせられない、と言われていたのですが、なんとか特待生として授業料無料で行ける予備校を探し出して、行かせてもらうことにしました。

予備校時代、通学路に安い料金で2本の映画を上映する名画座があったことは、本当に幸運でした。神戸電鉄の湊川《みなとがわ》駅を降りてすぐにある「パルシネマしんこうえん」です。何本か観たなかでもとくに印象に残ったのは、ケヴィン・コスナー監督主演製作の名作『ダンス・ウィズ・ウルブズ』です。アカデミー賞7部門でオスカーを獲得した壮大な西部劇は、それまで観たことのなかったスケールと迫力の映像美で19歳のママを圧倒しました。マジョリティーの白人がマイノリティーとして迫害されていたネイティブアメリカン（作品では時代背景のままに「インディアン」と表現）の世界に入っていく、というストーリーにも心を奪われました。全体として、映画というものがもつパワーを体感させられ、いまの仕事につながるひとつの刺激になった気がします。

もも、中高生や大学生のときに観た映画は、きみをつくる価値観や感性の栄養分になるものです。脳がやわらかいうちに、いい作品をたくさん観てください。きっと人生を豊かにしてくれるはずです。

予備校では、そこそこ真面目に勉強した成果もあって成績は上向いていきました。結果的に数学もセンター試験でこれ以上は望めない、という点数を取ることができたのは、いまも忘れられない出来事です。それほど数学が苦手だったからです。最近こそなくなりましたが、大人になっても、数学の試験で失敗して受験に落ちる、という夢を何度も何度も見るほど、数学との格闘はトラウマとしてママの脳裏に深く刻まれています。

１９９３年1月のセンター試験で数学を失敗することなく、ある程度満足できる結果を出せたこともあり、なんとか東京外国語大学外国語学部のドイツ語学科に合格することができました。1浪した末につかんだ志望校合格。間違いなく、これまでの人生で最もうれしかった出来事のひとつです。

忘れられない光景があります。東京への引っ越しの荷造りをしていたとき、手伝ってくれていた神戸ばあばが突然泣き出したのです。小学校入学から使っていた学習机も空っぽになり、いよいよ弟とシェアしていた部屋の半分が空に近づいてきたとき、何の前触れもなく、神戸ばあばがぽろぽろと涙をこぼしはじめました。汗だくで作業をしていたママは驚いて尋ねました。

「どうしたん？」

「……寂しいねん……」

交わした言葉を合図にしたように、さらに激しく泣きはじめた神戸ばあばを見て、ママも感情が一瞬で大きく揺さぶられました。涙が出て、止まらなくなりそうなのを、ぐっとこらえたのを覚えています。神戸ばあばの涙でママも気づいたのです。「あ、ここに住むのはもう最後なんや」と。そして急に寂しくなったのでした。

もも、きみもきっと将来、ママとかーちゃんのもとを巣立つ日が来るでしょう。そんなとき、神戸ばあばに似て、喜怒哀楽が激しいママは、泣いてしまうかもしれません。でも親とは、きっとそういうものなのです。かわいくて仕方のない子どもが自立し、ずっと一緒に過ごしてきた家を出るとき、大きな感情が押し寄せるのは自然なことなのだと、理解してもらえるとうれしく思います。

こうしてママは、19年間過ごした神戸の実家を離れ、上京することになったのです。

第2章

「ママ」がまだ男性で、東京に来て頑張っていた20代の頃のお話

ついに東京に来た！

ママが大人になってから最初の10年ちょっとの話をします。

1993年4月、19歳と6か月のとき、ママは故郷の神戸を離れて東京に出てきました。大好きな神戸を離れる寂しい気持ちは少しあったものの、大学生として東京で始まる新生活への期待と興奮が圧倒的に上回り、胸を躍らせての上京でした。

東京の大学に行くことについて、当初神戸じいじは大反対していました。経済的負担が大きいことが理由だと思いますが、あるいは、自分の「管理下」に置いておきたい、という思惑もあったのかもしれません。それでもどうしても家を出たかったママは、激安の兵庫県人学生寮に入って、生活費は自分で稼ぐ、と半ば啖呵《たんか》を切って議論を終わらせ、なし崩し的に受験した経緯がありました。だから、当時恵まれた上京学生に多かったワンルームマンションでの華やかなひとり暮らしなど、望むべくもありませんでした。

浪人生時代に下見していた激安の県人寮に入ることも検討しましたが、神戸ばあばの「家賃とプラスアルファで少しは送れるようにするから」という後押しもあって、アパートを借りてのひとり暮らしが始まりました。

東京外国語大学はその当時、東京都北区西ケ原にありました。学生課の紹介で、先行区間が開通したばかりのピカピカの地下鉄南北線で西ケ原駅から3駅北に行った志茂駅近くの木造アパートがママのわが家になりました。

確か築二十数年、ということでしたが、経年でくすみ切った水色の壁の建物はもっと古いように見えました。風呂なしの物件で、2階は共同トイレ、1階は4室あってトイレは自室にありました。1階のいちばん奥まった部屋D号室で、ママの東京生活はスタートしました。

外観は率直に言ってオンボロでしたし、上の階で住人が歩く音はまる聞こえ、ちょうど真上にあった2階の共同トイレの音までときおり届くような環境でしたが、ママは満足していました。壁と畳は新調されて綺麗だったし、3畳と6畳の2部屋ある広さも気に入っていました。何より、念願のひとり暮らしで、食事をとるもとらないも、寝る時間も起きる時間もすべて自分次第、という何をするのも自由な生活です。「ついに自由になった」という解放感に浸りながら、当初はあまりの自由さを少し戸惑うほど不思議に感じました。神戸での実家生活とのギャップが驚くほど大きかったからでしょう。

携帯電話がなかった時代、自分だけの電話をもてたことも、外の世界への窓口を得たようでうれしいことでした。留守番電話もついていないシンプルな電話機でしたが、新しい友人と電話番号を交換したり、夜誰にも気を使うことなく長電話したりするのも大いなる自由でした。実家では夜に長電話なんて不可能、郵便物でも、海外のペンパルからの手紙は兄にチェックされるのが日常茶飯事で、プライバシーはないようなものでした。

浪人時代に知り合ったアメリカ人のトランスジェンダー女性の友人がいました。実家にいたころは手紙でやりとりするだけでしたが、ひとり暮らしを始めたことで、アメリカから電話をかけてきてくれたり、自分が使わなくなった化粧品や洋服などを小包で送ってくれたりするようになりました。当時50歳前後の人だったので、19歳のママを子どものような感じで気にかけてくれていたのかもしれません。

こうしてもらった化粧品を使ってみたり、洋服を身につけたりしたのですが、しっくりきませんでした。どう見ても、綺麗ではなかったのです。当時のママには、絶対的に知識がありませんでした。メイクするにも、どうやってメイクするのかまったくわからなかったし、女性の格好をしたくても、そもそもファッションへの感度が鈍かったので、何をどう着ればいいのか、組み合わせ方も何もわからず、途方にくれていました。

小学校時代、「ウィッグをかぶれば、女子にも負けない」と感じた変な自信は打ち砕かれ、不慣れなメイクをなんとか施して鏡を見ると、そこに映るのは、「女装したおにいちゃん」でしかありませんでした。19歳の青年男子に成長したママは、小学校4年生のころの「紅顔の美少年」とは違っていたのです。当たり前ですが……。

せめて髪は伸ばそうと決意して、ある程度伸ばすのですが、美容室で「女性っぽい髪型にしてください」と言う勇気もなく、いつも「ワイルドな髪型だね」と言われる始末。アイテムとしてヘアバンドを使うことは「女性らしい」と感じていたので、入学当初はよく巻いていましたが、「ロックミュージシャンみたい」と思われていたようでした。

そんな冴えない大学生でしたが、大都市東京はエキサイティングなものにあふれていました。神戸とは比べものにならない繁華街の多さ、多様な外国人を含めた人の多さ、あらゆるものの規模に圧倒されそうになりつつも、ここで頑張るんだ、という思いだけは揺らぐことはありませんでした。

上京して、最も東京らしさを感じて心を動かされたのは、新宿西口の副都心エリアでした。90年に完成したばかりの東京都庁を中心に、超高層ビルがいくつも林立する街並みは、思い描いていた東京そのもので、歩くだけで胸の高まりを感じたものです。定期的に新宿には足を運び、東京に住んでいるんだな、と再確認して、「いつかビッグになってやる」というひそかな誓いを心の中で繰り返していました。

新宿の街の反対側には、ショッピングエリアの新宿三丁目、LGBTQフレンドリーな街として名高い新宿二丁目もあります。「二丁目」は当時、「ゲイ&レズビアンの街」として知られており、トランスジェンダーの存在感は強くありませんでした。ただ、いくつか「ニューハーフショー」をする「ゲイバー(当時はゲイの人が接客するバーも、トランスジェンダーのホステスが接客するパブも含め、すべてを総称してこう呼んでいました)」があることは把握していました。

初めて訪れた二丁目は、いまと違って、やや暗い雰囲気の街だなという印象でした。ゲイ雑誌やビデオを売るショップがあり、ドキドキしながら入ったものです。ただ、手に取ったゲイ雑誌を見てもあまりピンと来ることはなく、いま振り返ると、自分は男性として男性が好きではないんだな、というセクシャリティーの確認にはなったと思います。一方で、トランスジェンダーの雑誌には強く惹かれました。だから、当時、自分は「ニューハーフ」

が好きなのかとも思っていました。

二丁目の街を歩きながら、「ニューハーフ」にスカウトされないかな……なんて妄想したこともあります。何年か経って、アルバイトが軌道に乗り、いわゆる「ニューハーフショーパブ」に行って、友人もできるようになるなんて、このころは想像もできませんでした。


もも、きみはおそらく東京育ち、ということになるので、地方都市から東京に出てきたときの高揚感を感じることができないことになりますね。それは少しだけ残念です。でも、大学進学で地方に行ったり、海外に行ったりするかもしれないので、何かしら似たような感覚を味わってくれることを願っています。

自分が生まれ育ってきた環境を出て、はるかに大きな世界、あるいはまったく異なる文化や環境に接したとき、ワクワクして楽しもうとする人と、緊張して萎縮してしまう人がいると思います。そんなとき、ももには、大きな世界を楽しめる人であってほしいとママは思います。それは、ママ自身が自分の世界を広げていくことによって、人生が豊かになったと断言できるからです。大きな世界への扉が開くときが訪れたら、どうか勇気を出して飛び込んでいってください。

ふるさと神戸を襲った阪神・淡路大震災

１９９５年1月17日。人生観に大きな影響を与える出来事が起こりました。神戸を含む兵庫県南部を中心に甚大な被害をもたらした阪神・淡路大震災です。

その日の朝、ママは、東京都北区のオンボロ木造アパートから板橋区の鉄骨アパートに住まいを移して約1か月、待望のお風呂とエアコン付き物件で夜ふかしして、ようやく明け方に寝床についていました。寝入りばなに電話が鳴りました。神戸の実家に暮らす兄からで、なにやら緊迫した様子です。

「地震大丈夫か?」

「え、地震?」

寝ぼけ眼《まなこ》でママは答えました。

「こっちですごい地震があったから、東京は壊滅ちゃうかと思って」

神戸の人間からすると、地震がないといわれていた神戸でこんなに大きな地震が起きたのなら、東京ではさらに大きな地震があったのでは、と考えたらしいのです。兄の横に心配そうな神戸ばあばもいて、(無事か?)と聞いているようです。

「電気つかへんから、テレビ見られへん。震度なんぼやったか見て」

面倒くさいと思いながら、テレビをつけると、確かに速報で関西の震度一覧が表示されていました。……が、いくら見ても、神戸の震度は表示されておらず、大阪や京都が震度4と出ていました。

「神戸は出てへんわ。大阪が4みたい」

「え〜〜〜4？　いや、絶対もっと大きかったけどなー。あ、また揺れてきた！　切るわ！」

そう言ってまた緊迫した様子で電話が切れました。確か、地震があった5時46分から10分ほど経った6時前後のことでした。

のちに判明したのですが、神戸は震度が大きすぎたために、震度計がうまく働かず、表示できなかったのです。震度4と考えたママは、心配することもなく、また眠りにつきました。

再び安眠を妨げる電話が鳴ったのは、8時過ぎのことでした。そのころよく遊んでいた東京で暮らす兵庫高校の先輩からでした。ものすごく慌てた様子です。

「俊、神戸が大変なことになってるぞ！　テレビ見てみい！」

……目を疑いました。阪神高速道路の橋脚が何百メートルにもわたって無残にも倒壊し、見慣れた神戸市役所の建物の中高層部が完全に崩れている、という信じられない光景が映っていました。さらに空撮からの映像では、街のあちこちから火の手が上がり、同時多発的に火事が発生、その勢いは強まる一方にも見えました。テレビ各局は一斉に報道特別番組を展開し、とんでもない規模の大災害を伝えています。

「ぜんぜん電話もつながらんわ！　俊、家族と連絡取れた？」

先輩にそう言われ、6時ごろに会話して無事は確認できていたはずでしたが、急に心配になりました。

電話を切り、すぐに実家にかけましたが、まったくつながりません。結局その日は再び家族と話すことはできませんでした。神戸にいる友人たちとも一切つながりませんでした。ももも、信じられないかもしれませんが、そのころ、遠くにいる人との会話コミュニケーション手段は、固定電話しかなかったのです。携帯電話も一部で普及が始まっていましたが、お金のない多くの大学生には高嶺《たかね》の花、という時代でした。

それから数日、テレビの報道をひたすら見つづける生活が続きました。神戸の北区にある実家では幸い被害は大きくなかったのですが、長田《ながた》区にある兵庫高校の周辺は大変な被災状況になっていました。学校の帰り道に立ち寄った店のある商店街や周辺では大規模火災が発生し、連日のようにテレビ中継が行われ、火災が収まったあとも焼け野原になった変わり果てた街の様子を伝えていました。

兵庫高校はちょうど新校舎になって間もないタイミングだったこともあり、建物被害が軽微であったことから、避難所になっていました。授業ができなくなり、北区にあるほかの高校の教室を借りて授業している、と在学中の弟から聞きました。会場になるはずの講堂が避難所のままだったので、卒業式さえも北区の高校の体育館で開催したとのことでした。それほど、兵庫高校の周辺では家を失った被災者が多く、甚大な被害があったのです。

マスコミは騒いでいるだけじゃないか

テレビにかじりつくように見つづけた地元神戸で起きた震災報道。地元の町や人びとが大きく傷つき、どうすれば元どおりになるかさえ想像もできないと思わせるほどの甚大な被害、膨大な映像と情報の洪水は、21歳だったママの根本的な考え方にも影響を及ぼしたのです。

もともと、東京外語大に入ったころから、将来の仕事に思いを馳《は》せるとき、国際ジャーナリストや海外特派員への憧れを抱いていました。「世界各地を股にかけて飛び回る」生活や、歴史が動く瞬間に立ち会いそれを伝える……そうした仕事はとても魅力的だと感じていたのです。高校生だったときにテレビで見たベルリンの壁崩壊やドイツ再統一、さらに東西の冷戦終結など、歴史の転換点を告げる華やかな国際ニュースが続いた時代に大きく影響されていました。

それが阪神・淡路大震災の一連の報道を見て、マスコミはただ「騒いでいるだけ」なのでは、との思いを強くしたのです。発生直後、火災が起きると、より激しく燃えているエリアが取り上げられ、中継が殺到、収まれば、また別の被害が大きな場所へ、というマスコミの動きは、そこで暮らし、被災した人たちの生活や思いを掬《すく》い上げることなく、ただただよりセンセーショナルな映像を求めているように思われました。

いま振り返れば、若者が陥りがちなマスコミ批判にも思えますが、当時のママは一部の報道に怒り、憤りさえ感じていたのです。それは、神戸出身であったことが大きな理由でした。自分が毎日通った通学路や友人たちの家がある場所が無残に姿を変えるなか、自分が遠い東京にいて何もできないという無力感が、過熱気味な熱量でニュースを報じるマスコミへの怒りに転化されていた面もあるかもしれません。

被災者にマイクを向ける記者やリポーターたちを見て、「自分はこんなことはしたくない、騒ぐだけのマスコミ人にはなりたくない」と思うようになっていました。阪神・淡路大震災という大きなニュースについて神戸出身という当事者性を初めてもったことで、具体的な仕事へのイメージが浮かび上がり、大災害の被災者や事件事故の被害者たちにカメラやマイクを向けなければならない、報道という仕事への忌避《きひ》感が強くなったのです。

それから2か月あまりが経ったころ、地下鉄サリン事件と一連のオウム真理教をめぐる報道が始まると、震災のニュースは目に見えて少なくなりました。新たな事象が起きると、常にそれを伝えることがニュースや報道の本質です。ある意味で当たり前のことなのですが、神戸出身のママは、もっと神戸や周辺の被災地域について伝えるべき話がある、と強く感じていました。オウム報道一色に塗りつぶされたニュースを見て、再び、報道に疑問を感じることが増えました。

一方で、阪神・淡路大震災やオウム真理教関連報道で、何かを解説する際、多くの場合「専門家」として登場するのが大学教授などアカデミズム界の人たちであったことは、大学院に進学して何かを専門に身につけることを意識させるきっかけにもなったのでした。

震災後、初めて神戸に戻ったのは、4月の初旬でした。兵庫高校や周囲を回り、景色が変わりすぎて、何があったかさえわからないほどの甚大な被害に衝撃を受け、高校時代に遊びに行った友人の家がなくなっていたことに深い悲しみを覚えました。高校で同級生や在校生に奇跡的に犠牲者がいなかった、と聞き、心から安堵しましたが、変わり果てた故郷を前に、自分の大切な一部が失われたような、それまで感じたことのない気持ちをいまでも忘れることはできません。

もも、人生観を揺るがす出来事は、生きている限り必ず起こります。それが何であるか、いつ起こるかわかりません。天災など人智を超えた事象を前にすると、絶望的な状況に追い込まれるかもしれません。それでも、人は生きていくしかないのです。何かに希望を見いだしながら。ママやかーちゃんが力になれることもあるでしょうし、何もできないこともあるでしょう。ないことを祈っていますが、もし、ももが未曽有《みぞう》の大災害に巻き込まれたとき、親としては、とにかく何があってもあきらめないで、無事に生き残ってくれることを何より願っています。

生きてさえいれば、必ず明日が来るからです。だからもも、何があっても、どうか、どうか、生きていてください。

21歳、初めて海外に来た！

高校時代、あんなにアメリカに憧れていたママでしたが、大学に入り、英米語学科ではなく、ドイツ語学科を選んだことも影響してか、アメリカ留学への思いは薄くなっていきました。

ドイツ語学科を選んだのは、高校時代に英語はなんとなく話せるようになっていたことがあり、留学すればもっとできるようになるだろうという漠然とした自信もあったので、それならもうひとつ別の言語を身につけたら楽しいだろう、と考えたからでした。第二次世界大戦など歴史への関心や、高校時代に神戸で知り合ったマルチリンガルのドイツ人女性から、東欧も含めると、ドイツ語はヨーロッパで英語の次に通じる言葉であり、統一後さらに需要は伸びていくはず、と聞いたことも大きな材料になりました。

喜び勇んで入学した大学でしたが、あまりに速いスピードで専攻語の授業が進んでいくことに次第についていけなくなり、あっという間にドイツ語は落ちこぼれていきました。外語大は進級が厳しく、2年生と3年生への進級時に基準を超えられない場合、容赦なく留年させられることで有名でした。ドイツ語学科も例に漏れず、同級生約80人くらいのうち、留年生が1割程度いたと記憶しています。

それでも、留年は2回続けて免れ、なんとか3年生になることができました。専攻言語の成績はひどいものでしたが、「事情」と呼ばれる歴史や文化についての講義には興味をもち、のちに指導教官になるドイツ・オーストリア事情の担当教授である増谷《ますたに》英樹先生の研究室に出入りするようになっていました。

ドイツ・オーストリアを中心に、ヨーロッパについて学ぶにつれて、比例するようにアメリカ文化への関心が薄れ、ヨーロッパへの興味が大きくなっていきました。留学したいという希望はもっていましたが、ドイツへの留学を希望できるほどのドイツ語力はなく、かといってアメリカに留学して学びたいこともなく……という中途半端な状態でした。

そんななか、家庭教師や塾・予備校講師など、高い時給を得られるアルバイトに励み、ある程度結果も出して安定的な収入を得られるようになっていました。そこで3年生になって、行ったことのない海外へ、「夏休みに行こう」と決心したのでした。

初の海外、行き先には迷わず、ヨーロッパを選びました。専攻地域のドイツ・オーストリアがあることは理由の一部ではありましたが、大きな理由は、ヨーロッパを見てみたかったからでした。格安旅行会社でいちばん安い欧州便、旧ソ連邦の崩壊から間もないロシアのアエロフロート・ロシア航空でモスクワを経由しロンドンに入り、約2か月後ローマから戻るチケットを購入しました。

航空券以外に手配したのは、イギリス国内で有効なBritRail Pass（英国鉄道パス）と、大陸ヨーロッパの多くの国で有効なEurail Flexi Pass（ユーレイル・フレキシーパス）というまとまった日数が乗り放題になる鉄道パスだけ。行き先や宿泊場所は行き当たりばったり、という典型的な若者のバックパッカー旅です。

こうして降り立ったイギリス・ロンドンの地。7月8日、旅行初日の宿に着いたときはすでに夜、周囲の様子はあまりわかりませんでしたが、翌朝外に出たときの感激はまさに一生もの、と断言できるほど、感動しました。同じような高さで統一感のある煉瓦造りの建物が整然と並ぶ街並みに、文字どおり圧倒されました。いま見るとなんてことのない建物に、夢中で大きなカメラを向けて写真を撮りました。また、歩いているのはみな「外国人」。自分と似た顔をした東アジア人さえあまり見かけない環境で、人種・エスニシティー（文化的出自《しゅつじ》で定義される社会集団、「民族特性」）的に超少数派になるという体験も初めてです。すべてが痺《しび》れるほど刺激的でした。

「あ――――海外に来た――――!!」

と歓喜の声を上げていたことを覚えています。たまたま宿がGloucester Road（グロースター・ロード）という落ち着いた地域にあったことも大きかったかもしれません。大通りから一本入ると閑静な住宅地で、当時のママには「すごい建造物」に見える古い煉瓦造りの建物が整然と並んでいました。とにかく、強烈な印象を受け、憧れていた海外に初めて来られた喜びに全身が包まれたのでした。しかも、アメリカ留学を経験した兄でさえ来たことのないヨーロッパです。ママを縛りつけていた神戸じいじは海外渡航経験がなく、ママは、「勝った」と思いました。ママの家族や親戚で初めての欧州上陸に、誇らしい気持ちと達成感があったのです。

感激を伝えるために、近くの公衆電話からコインを大量に使って興奮しながら神戸の実家に電話したのを、いまでも思い出します。その後、ロンドンには数えきれないほど行っていますが、定宿に選ぶのはいつもこの周辺のホテルです。それほど、初めての海外体験は心に深く刻まれるものなのかもしれません。

日本で知り合った友人の家族の家に泊めてもらったり、兄の友人を訪ねたりしながら、イギリスには予定を超える3週間近く滞在し、ようやくドーバー海峡を船で越えて次の目的地フランスへ向かいました。知り合いがいなかったパリの町の冷たさに嫌気がさし、数日後には兄から紹介されたフランス人の友人が待つ南部の港町マルセイユへ。

同世代の若者たちと知り合いになり、マルセイユやエクス・アン・プロヴァンスで過ごした日々は本当に楽しく、途中東京で知り合った友人のアヴィニョン近郊の別荘に行ったりして気がつけば、8月も半ばとなり、予定を大きくオーバーしていました。

次の訪問地はスペイン。特急電車で隣り合わせたマドリードの女性と友だちになり、その彼氏と3人でフラメンコを見たり、翌日は自宅に泊めてもらったりするほど親しくなりました。その女性は夫と別居中で、大学教員のその彼氏と付き合っていることを知り、若かったママは男女関係の奔放さに驚く、という出会いもありました。

その日のママの寝床は、ぬいぐるみがいっぱい並んだベッドでした。夏休みでその女性の実家に行っている、という小学校低学年の娘さんのベッドで寝かせてもらったのです。そんな体験も懐かしい記憶です。海外って、自由なんだな、と感じる出来事でした。

「ちゃんと勉強しなければ」

旅の後半は、時間節約のため、長距離移動は夜行電車を利用しました。スペインの次に4か国目の訪問国としてようやくたどり着いた専攻地域のドイツ。ハノーバーにケルン、日本で知り合っていたドイツ人の友人を訪ねて回り、ベルリンやハンブルクを一緒に回ったあと、南部ミュンヘンでは、ロンドンのユースホステルで知り合った友だちクラウディアの実家に泊めてもらいました。そのとき知り合ったクラウディアの兄シュテファンは、半年後に旅行で来日し、ママのアパートにしばらく滞在しました。この兄妹2人は、いまでも親友です。長い旅で、一生ものの友人に出会えるかもしれない、それも若い日に旅をする醍醐味《だいごみ》です。

ドイツ、その後もオーストリアへ移動するなか、ホテルにはほとんど泊まらず、結果的に友人や知り合いの家に泊めてもらいながらの旅行が続きました。会話は、基本的にほぼ英語のみ。東京外国語大学ドイツ語学科3年生、にしては、恥ずかしい限りです。ギリギリで進級してきたママのドイツ語能力は、挨拶や簡単な意思疎通、食事の際に「めちゃくちゃおいしい！」とか強い気持ちを伝えるくらいしか使えませんでした。

そんなあるとき、ふと思ったのです。自分はなんのために、大学に入ったのだろう、と。ドイツ人やオーストリア人の友人とドイツ語でコミュニケーションできない自分はなんなんだろう、と。そして、このままなんの専門も習得することなく、就職することが果たしてよいことなのか、考えはじめました。

初めて触れるヨーロッパは、歴史が至るところに息づき、人々が積み重ねてきた文化がそれぞれユニークな魅力を形成する、非常に知的好奇心に満ちたところでした。街並み、博物館や美術館などだけでなく、泊めてもらった友人らの言動、あるいは彼ら彼女らの家にある書籍やインテリア、些細なものからも文化を感じ、それらの背景にある歴史や人びとの物語を知りたいと思いました。

「目的やテーマのない海外旅行は意味がない」という増谷先生の言葉に刺激され、一応、初めての海外旅行のテーマは、各国にある映画の舞台を巡ることと、専攻地域であるドイツ・オーストリアを見る、ということに設定していました。数々の名画の舞台となったロンドンやパリの町、傑作『第三の男』の舞台であるオーストリア・ウィーンのロケ場所を回ったほか、夜行列車でウィーンから到着したイタリアの水都ヴェネツィアでは、『旅情』や『ベニスに死す』のシーンが撮影された場所をたどりました。

「本物」に触れる刺激はそれぞれの場所で感じられ、満足感もある程度得ることはできました。それでも、深い知識のないままで有名なスポットに行くことは、単に観光客として「なぞっただけ」であるようにも思われたのです。

ヨーロッパ各国を回った2か月強の初めての海外旅行を終え、帰国して大学生活に戻ったママの心に去来したのは、「ちゃんと勉強しなければ」という強い思いでした。せっかく大学に進学させてもらったのだから、専門といえる知識を身につけたい、と。そうしないまま社会に出ると、「あまり物事を考えられない」軽薄な人間になってしまうのでは、とも考えるようになっていました。それは少々極端な考えかもしれないな、といまは思いますが、せっかく大学に行くなら、ちゃんと学問に励んだほうがいい、とは断言できます。深く物事について学ぶことで、見えなかったアングルから世界が見えてきたり、世界の道理や仕組みの一端を感じたりすることができるからです。

もも、ママは元来、「のんびりした性質」なのかもしれません。もっと早くに気づいていれば、大学院に進学するために留年する必要もなかったでしょう。でも、3年生に行った2か月のヨーロッパ滞在は、そんな「のんびり屋」のママに人生を変えるきっかけを与えてくれたのでした。

だからもも、若いときに長期の海外経験を積むことを、必ずしたほうがいい、とママは考えています。それは、思いもしなかったような気づきやきっかけを与えてくれて、ももの人生をきっと豊かにしてくれるはずだからです。

ドラァグクイーンが大学院生に

大学院に行きたい、とヨーロッパ旅行から帰国して以降考えるようになっていましたが、何を深く学びたいのか、明確に決められていませんでした。さらに、専攻語のドイツ語を真面目に勉強してこなかったママは、気軽に教授らに進学希望を口にすることさえ憚《はばか》られる状態でした。そこで、冬に行われるドイツ語学科内の国費留学の選抜試験を目指し、研究対象の選定や研究レベルのドイツ語を読み込めるよう、勉強を始めることにしました。

増谷教授の研究室に通い、興味のある本を借りて読んだり、大学院の先輩に相談したり、短期間で研究計画書を作成し、ドイツ語での面接に備えて勉強しました。面接用にはドイツ人の友人シルヴィアが模擬面接するなど力を貸してくれました。

果たして迎えた国費留学選抜試験。わずか2名の合格枠に15人近くが応募し、しかも優秀との呼び声高い同級生や先輩ばかりで、「ドイツ語劣等生」だった自分がそんなライバルとしのぎを削っているのが恥ずかしく感じるほどの厳しさでした。

選考メンバーのチーフである増谷先生をして「激戦だった」と形容された選抜試験終了後、発表された合格者名にママの名前はありませんでした。それでも、やり切った爽快感とこれがきっかけになるかも、という予感がして満足感を覚えたのを記憶しています。増谷先生から「谷生も頑張ったな」と声をかけてもらえたのもうれしく、大学院進学希望に名乗りを上げる基盤ができたと感じました。

こうして3年生の冬に大学院進学への意思を固めたのですが、4年生の9月に行われる大学院進学試験までには、ドイツ語能力を飛躍的に向上させる必要がありました。結局、半年くらいでは間に合わないと判断し、神戸ばあばにお願いして留年させてもらうことになりました。

指導教官は増谷先生にお願いしました。ドイツ・オーストリア地域の事情や歴史の授業が面白く、知的刺激を感じていたからです。ときには映画も教材に使用し、歴史的背景やストーリーの裏側にある文化的事情などを読み解くスタイルが楽しく、ヨーロッパ映画への扉を開いてくれた気がします。

とくに、1995年のカンヌ国際映画祭の最高賞パルムドール受賞作『アンダーグラウンド』を教材に、舞台となった旧ユーゴスラビアを専門とする東京大学の教授を増谷先生が招聘《しょうへい》して行われた課外授業は、最高に刺激的でした。いまはなき渋谷の映画館シネマライズで観た『アンダーグラウンド』には立ち上がれなくなるほどの衝撃的な感動を受けました。そんな大好きな作品だったので、専門的な視点からの映画の解説を聞くと、気づかなかった映画の設定や背景などへの理解が深まり、アカデミズムの世界への関心がさらに強くなりました。

ちなみに、旧ユーゴスラビアの歴史を第二次大戦期から90年代の内戦までの長いスパンで壮大かつコミカルに描き、人間のすばらしさやおかしさ、愚かしさと同時に愛おしさなどについて、パワフルなジプシー音楽と共に、眩暈《めまい》がするほどの強烈なエネルギーで観るものを圧倒する本作は、いまに至るまで、ママの生涯ベストワン映画です。

振り返れば、増谷先生からは、学問世界の深さはもちろん、人生の楽しみ方についても多くを学んだことに気づきます。大学に入学し、研究室に出入りするようになって、ドイツパンにチーズやハムを合わせて、ワインを飲む、といったまったく知らない世界を知りました。ももがよく知っているとおり、いまでは、ママの人生から欠かせないワインへの扉を開いてくれたのも、実は増谷先生なのです。

ゼミ合宿で信州へ行った際には、自らの別荘にも連れて行ってくれて、自分のペースで長い期間休めるライフスタイルのすばらしさを説いてもらったことにも、大きく影響を受けました。

「谷生、人生は楽しまなきゃダメだぞ～。そのために、そういうふうに（生活を）つくっていくことが大事なんだよ」と語る先生から、ゆとりある大人のライフスタイルの豊かさを感じたことは、いまでも財産だと思います。

大学院への勉強をしていたころは、大学以外での活動も活発にしていて、ハウスミュージックのＤＪでグラフィックデザイナーでもある10歳近く年上の友人と、クラブイベントを開催したり深い交流がありました。

あるとき、その友人が主導していた雑誌を作るプロジェクトに参加することになりました。テーマは、当時新たなカルチャーの発信者として注目されはじめていた「ドラァグクイーン」。文章を書くことへの関心が強く、文筆家になることも一時期考えたママは、ライターの役割を任せてもらいました。

ドラァグクイーンが集まるイベントを取材したり、インタビューをしたりして、記事を書きました。そのこと自体も充実感のもてる仕事でしたが、より大きかったのは、ドラァグクイーンと知り合ったことで、ママのセクシャリティー模索の新たなきっかけが生まれたことでした。

雑誌を作るだけで終わりにするのではなく、ドラァグクイーンやフェティッシュファッションをテーマにしたクラブイベントを開催しようということになって、打ち合わせをしていたときのこと。イベントのオーガナイザーとして参加するはずだったママでしたが、イベントの顔を務めるドラァグクイーンから「あなたもドラァグクイーンになったほうがいい」と提案があったのです。

盛り上がる周囲を前に、当惑するふりをしていましたが、内心では小学校以来の「公式女装」のチャンスに胸が躍る思いでした。大学は自由なので、何を着てもいいことになっていますし、女性装もできたはずですが、きっかけもなく、なんとなく気づけば4年生になっていました。就職活動をどうするか、と考えるようなタイミングで、大学院への進学を決めたのとほぼ同じ時期に、「女の子になりたい」という希望が形を変えて目の前に実現しようとしていました。

メイクやファッションに造詣の深いスタッフにほとんど最初はおまかせ、という感じでママのドラァグクイーンとしての活動は始まりました。眉毛を完全にコンシーラーでつぶして、巨大なアイホールを作ってアイシャドウやグリッターでキラキラに塗りたくり、1センチはあろうかというアイラインをツン、と上向きに描いた上に、バサバサと音がしそうなつけまつ毛を何重にもつけるドラァグクイーンメイク。顔の原形をとどめないほどの強烈なメイクです。

派手な衣装とウィッグを身につけ、10センチ以上あるフラットソールブーツを履いて完成。ドラァグクイーン、という記号をまとう「女装」でしたが、それまでなんとなく女性とお付き合いしたりする「普通な」大学生活を送り、「女の子になりたい」という幼いころからの気持ちをどうやってかなえていくのかという道筋がまったく見えていなかったママにとって、ひとつの転換点になった瞬間でした。それは、ずっと閉め切っていた家の窓を全部開けて、爽やかな風が勢いよく入ってきたかのような心地よさでした。

「パーティーの顔」として水を得た魚のように生き生きと振る舞うママを見て、多くの人がキレイ、かわいいと褒めてくれました。それは、失っていた「女性としての自分」の自信を取り戻し、なりたい自分への旅路を再び示してくれた時間になったのです。

こうして、ドラァグクイーンとしてクラブイベントで定期的に働く一方で、大学院への勉強もコツコツ続け、なんとか5年生の秋に東京外語大の大学院に合格することができました。大学院での研究テーマは、ドイツ・オーストリア地域の歴史、ナチス期に体制から「逸脱」した青年たちの文化、にしました。

ナチスという暴力的な独裁体制が敷かれた極端な時代に、それでもナチス政権に反抗し、不服従を貫いていた若者たちがいたことに驚き、もっと知りたいと思ったのです。いま思い返すと、それは、どんな状況でも自らの信じる道を貫いて生きてゆきたい、と意識しないままに考えていたママ自身の心を反映していたテーマだったのかもしれません。

もも、ももが大学に行くかどうかわかりません。でも、何かを深く学ぶということはすばらしいことです。まったく知らなかった世界やものの見方を教えてくれたり、考え方の基盤となる知識や思考法を与えてくれるからです。それらは、きっと人生を豊かにしてくれるはずです。ママの場合、歴史を学んだことで、物事や事象を、歴史的に俯瞰《ふかん》する目線から分析する癖があります。それは、仕事にも役立っています。

だからどうか、もも自身の心の声に従い、学びたいことを決めてください。

ママは大学院時代、アカデミックな研究者を目指す勉強をするなかで、専門的なゼミの発表をした翌日、ド派手なメイクと衣装を身にまとい、ドラァグクイーンとしてクラブイベントで華やかに振る舞う……そんな両極端な生活に、われながら「どちらが本当の自分なんだろう」という疑問を抱くこともありました。

でもあるとき、思ったのです。アンビバレントな自分、「これが私」だし、どちらも自分なんだ、と。ママは24歳になっていました。

映画プロデューサーになりたい

セクシャリティーの模索が再び旅路に復帰するなか、大学院に進学した秋、人生を変える大きな出来事が起こります。その年の夏、東京外語大の学部に編入してきたルンツェ清と知り合い、7言語を流暢《りゅうちょう》に操る彼と意気投合、東京国際映画祭の通訳のアルバイトを紹介してもらったのです。事務局長付の英語通訳兼海外からのゲストのアテンド、という仕事でした。

なかでも印象に残っているのは、『ボンベイ』などの歴史大作で知られ、「インドの黒澤明」とも称されていた巨匠・マニラトナム監督のアテンドとして、数日間行動を共にしたことでした。

口数の多い人ではなかったのですが、聞けば気さくにいろいろと教えてくれました。インド映画といえば、ストーリー中に、突然大きな歌と踊りのシーンが入ることで知られています。作品によって自然な流れでそうしたシーンが始まることもありますが、見慣れない人には驚きをもって受け止められる特徴です。ただ、監督の作品では、比較的自然な流れで登場する印象でした。そのことを指摘したとき、マニラトナム監督は、

「あれ、本当はあまりやりたくないんですよね……」

と言ったのです。それでも、観客が求めるものを作ることが仕事だから、とも。

ママは、巨匠といわれる人でも、観客が求めるものを作るために自らの考えと折り合いをつけながら作品を作っていることに感銘を受けました。作家性と娯楽映画の商業性の両立。これは、常に大きなテーマです。マニラトナム監督の言動から、そのどちらも目指す姿勢と矜持《きょうじ》が伝わり、芸術性が高いとされる映画ばかりを評価しがちな学生マインドにかなり影響されていたママに、「プロ意識」のすごさを教えてくれたのです。

世界各国からの多くの映画人や、日本の映画人たちとの仕事を通じて、目指したい進路が見えてきた気がしていました。「自分も映画を作って海外に行きたい」との思いが強くなったのです。博士課程に進み、念願の留学をドイツに行って実現させて研究者になる、という想像もしていました。ただ、大学院で学問に励むなか、アカデミズムの深淵《しんえん》なる世界を覗き見て、その深さへの畏怖とともに、研究とは総じて狭い世界での孤独な作業であることへの不満も芽生えていました。「もっと広い世界で自分を試したい」という思いが強くなっていたのです。そんなとき、国際映画祭で多くの映画と世界の映画人に触れたことで、これを仕事にできれば、という希望が輪郭をもって心に生まれたのでした。

こうして、映画プロデューサーになりたい、という目標に向けて、就職活動をすることになったのでした。

日本テレビ入社、報道局で外報部記者に

映画を作りたい、と考えたとき、映画会社への就職をまず考えました。ただ90年代後半は、洋画が邦画を圧倒し、邦画の興行収入シェアは30～40％ほどしかなく、映画といえば

洋画、というくらいの時代でした。

東京国際映画祭のスタッフには、ほぼすべての主要な映画会社からの出向者がいたので、業界事情を聞くことができました。口をそろえて言われたのは、「映画会社は映画を作っておらず、配給がメイン」ということです。では誰がいちばん映画を作っているのかと問うと、フジテレビだ、と言うのです。確かに、ママが東京国際映画祭でアルバイトをした１９９８年の秋、フジテレビがテレビドラマ派生の映画『踊る大捜査線 THE MOVIE』で大ヒットを飛ばし、気を吐いていました。

そうなのか、と思ったママはテレビ局に入って映画ビジネスをやりたい、と考えました。なかでもいちばん映画を作っているというフジテレビに入りたい、と思いましたが、よく調べてみると、大学院卒で浪人と留年をしている場合、年齢制限で入社試験を受ける資格がないことがわかったのです。そこで、次はどこだろう、と考えて浮かんだのが日本テレビでした。スタジオジブリ作品への参加や、１９９６年に大ヒットした『Shall We ダンス？』に出資参加していることもあり、映画に関わる仕事ができそう、という印象でした。

ももがこれを読むころ、テレビ局を取り巻く環境がどうなっているかわからないので、書いておくと、ママがテレビ局を受けた当時、大学生（文系）の就職人気ランキングでマスコミは上位に位置していて、なかでもテレビ局はトップクラスの人気を誇っていました。アナウンサー試験は何千倍の倍率、一般職でも何百倍の倍率といわれていました。だから、受かるのは難しいかなとも考えていましたが、日本テレビの試験では、自然体で会話が盛り上がったり、集団討論などの試験でも納得できる話ができたりして、気がつけば内定にまで至ったのです。

このとき、日テレの人たちはみんな感じがいいなという印象をもっていました。面接を仕切っていた人事部のメンバーのなかに、優しくとても素敵な女性がいました。彼女が、のちにママの上司になって、人生を変えるトランス期、最大の支援者になってくれることになるとは、このとき知る由《よし》もありませんでした。

こうしてママは、2000年4月、日本テレビに入社しました。26歳の春、もちろん、「普通の」男性社員として。このころ、どんな雰囲気だったかというと、同期入社の仲間からは、「外資の保険会社のCMに出てくる営業マン」のようだ、とからかわれていました。

営業職といえば、一般的に身だしなみに気を使い、取引先に好感をもって受け入れられる必要があります。つまり、当時のママは、そんな感じの男性で、セクシャリティーに疑問を感じているような雰囲気をまったくもっていませんでした。実際に、ストレートの女性とのお付き合いもあったし、心の奥に幼い日からの願望は抱えつつも、「うまく折り合いをつけて生きていけるのでは」と考えるようになっていました。

半年間に及ぶ長い研修期間を経て、報道局に配属されました。希望した映画事業部には、1年目から行くのは難しい、と言われ、まずは他部署で経験を積んでから行くのがいい、と説明されました。それを聞いて（まあそういうものなのかしら）と思って、配属先で頑張って結果を出して映画に異動しよう、と決意したのでした。

報道局では、社会部の遊軍という本社付の記者を2か月やったあと、国際ニュースを扱う外報部（現国際部）に配属されました。東京外語大卒の外国語力が買われたのかもしれません。海外からのニュースや特派員のリポートを東京で受けつつ、原稿を執筆したり、VTRを編集し、放送用にまとめたりする仕事です。ときには海外出張もあり、ママは2年目に、北朝鮮と韓国を巡るクルーズ船取材で朝鮮半島の分断された2か国を回りました。北朝鮮の平壌《ピョンヤン》で数日間、「監視役」として時間を共にした眼光鋭い役人が、のちに「日本人拉致問題」の北朝鮮側の担当になった宋日昊《ソンイルホ》氏だった、という貴重な経験もしました。

北朝鮮と韓国から帰国し、取材した素材を見返す作業をしていた2001年9月11日。飛行機がニューヨークのワールドトレードセンターへ衝突、という速報が報道フロアに響きました。アメリカ同時多発テロです。

当初は、「セスナ機が間違ってぶつかったんじゃないの？」といった声も上がるほど、のんびりした反応でした。ところが程なくして海外の通信社の素材配信回線が切り替わり、ワールドトレードセンターから黒煙が上がる衝撃的な映像が飛び込んできたのです。一気に騒然とするなか、2機目がもうひとつのビルへ突入する瞬間映像が流れ、報道フロアが悲鳴のような声や怒号で包まれたのを覚えています。

2年目の若手記者だったママがニューヨークへ取材に行くことは、かないませんでした。でも、現場に行かなければ伝えられない被害者遺族や市民らの声を丹念に取材し、臨場感をもって中継やリポートをする先輩記者らの姿に、かつて憧れた特派員という仕事への関心が再び頭をもたげてくるのを感じました。

それでも、外報部記者を2〜3年くらい務めたら、「きょうの出来事」（いまの「news zero」の前身番組）などニュース番組のディレクターを2年ほどやって、30歳を目処《めど》に希望の映画事業部に行ければ、と考えていました。だから、当時急速に注目されはじめていた韓国映画の『JSA』のパク・チャヌク監督や主演のイ・ヨンエに取材した企画を制作したり、アフガニスタンを描いた映画『カンダハール』の主演女優に取材したり、映画への接点づくりは意識していました。

翌年、2002年にはサッカーのワールドカップ日韓大会で、韓国に1か月出張し、ソウル市庁舎前に集まった何十万人の韓国サポーターたちが歌う「アリラン」に涙したり、北朝鮮から脱北した元サッカー代表監督に取材する企画を作ったり、ヨーロッパ一辺倒だったママの視野を一気に広げてくれる取材も経験しました。

突然の異動を告げる電話がかかってきたのは、ソウル支局で韓国対ドイツの準決勝の予定原稿を準備していたときでした。2002年6月末のことです。

「谷生、7月1日から社会部警視庁担当だから」

まったく希望していないどころか、想定さえしていない異動先に、叫ぶように聞いたのを覚えています。

「警視庁⁉　どういうことですか?」

「まあ、そういうことだ。事件担当で記者としてはいちばん経験を積める場所だし、若いときに行くにはとてもいいと思うよ」

まさかの警視庁の事件記者で「おっさん化」

記者としての経験を積むことはやぶさかではなかったものの、事件記者としての経験を積む考えはありませんでした。「夜回り、朝回り」といった、当局や関係者の自宅を深夜や早朝に訪ねる泥臭い手法が当然のように必要とされ、事件・事故時には被害者へもマイクを向ける仕事です。それは、大学時代に阪神・淡路大震災の報道を見て、「自分はやりたくない」と思った仕事そのものでした。

まったく想定外の展開に悩む間もなく、翌月から桜田門の警視庁が勤務場所になりました。あれほど忌み嫌っていた「夜回り、朝回り」も日常の業務になりました。

警視庁記者クラブでの担当は、「生活安全部・交通部・地域部」でした。報道競争の主戦場は、生活安全部、略して「生安」の事件ネタになります。生活詐欺事件やマネーロンダリング事件、それに少年事件などで、他社と「抜いた、抜かれた」のスクープ合戦です。嫌だろうがなんだろうが、仕事として担当になった以上、一生懸命にやるしかありません。

ママは、いわゆる他社よりも先にニュースを出したり、他社を出し抜くネタを報じたりする「特ダネ競争」には当初、一切関心はありませんでした。でも、勝負に負けるのは大嫌いな性分が功を奏したのか、次第に他者に勝つことの気持ちよさを知るようになっていきました。

とくに、当時、新聞や通信社の記者がテレビ報道を下に見る風潮があることは不快に感じました。「テレビは映像撮って終わりですから」というセリフを、ママたちテレビ記者の目の前で警視庁の幹部に話していた新聞社の記者がいました。(絶対にこの記者はギャフンと言わせてやろう)と心に決め、実際に報道内容で新聞社も圧倒して、半年後くらいに、「谷生さんは、いちばん尊敬する記者です」と当局の前で同じ記者から言われるようになったのは、ママの誇りです。

また、警視庁記者クラブ所属の新聞・通信社の記者はほとんどが男性でした。対照的に、民放テレビ局は女性記者が多く在籍し、しばしば新聞社を凌駕《りょうが》する活躍を見せていました。そんな状況を嫌ったのでしょう、関係者がリークしたのか、週刊誌に「警視庁記者クラブで『喜び組』女性記者たちが当局を席巻《せっけん》、スクープ連発」といった北朝鮮の権力者への女性奉仕団をもじった記事が出たりもしました。ママは、当時男性記者でしたが、そんな風潮に疑問を感じていて、女性記者への連帯感をもって、新聞や通信社の男性記者たちに対抗しよう、という意識は抱いていました。

それでも、警察社会はやはり超がつく男性社会。当局から捜査情報をつかみ、事前取材を展開して事件が弾《はじ》けた（家宅捜索や逮捕などの捜査上の大きな動きがあること）とき、大きく報道する、といういわゆる「当局報道」がメインの競争である以上、警視庁幹部や関係者に食い込むことが必要不可欠でした。

そのために実践したのは、「超体育会系の勢いあるキャラクター」になることでした。大きな声でハキハキと話す人が多い警察官と長く接しているうちに、影響を受けた面もあったと思います。異動して数か月経ったころには、いっぱしの警視庁記者になっていました。

早朝5時から深夜1時まで、といったメチャクチャな勤務時間の長さや、ストレスの多い仕事内容で、食べる量が増えて、みるみるうちに太っていきました。一時は、いまより10キロ以上太った体格に、ギラギラした目つき、顎ひげまで生やして、なかなかに「いかつい」風貌でした。仲良くなった警視庁の幹部には、「谷生ちゃん、気合入ってるね〜」とよく言われたものです。

こうして仕事に没頭するなかで、どんどん「おっさん化」とでも呼ぶべき状態が進行し、

「女の子になりたい」という希望をほぼ「忘れて」しまっていました。

あんなに忌み嫌っていた事件記者生活でしたが、現場に入ってみると、ただ一生懸命仕事をするうちに、現場取材や関係者と当局取材をもとにスピーディーに原稿やリポートに落とし込む、というテレビ記者の基本は確かに身についていきました。事件の被害者取材では、心情に寄り添った丁寧な関係構築を心がけました。

もも、若いころに仕事に没頭し、われを忘れるくらいに頑張ることは、ときにはよいかもしれません。警視庁担当時代のママは、まさにそんな状態でした。本当に大変でしたが、成果を出したらちゃんと褒めて一緒に喜んでくれた上司たちの支えもあって、振り返ると楽しくもあった日々でした。社会人としての土台は、この時期に形成されたといっても過言ではありません。膨大な情報から何が重要か素早く判断しアウトプットしていく、関係者と関係を構築し、ときには厳しい交渉をする……こうしたスキルはいまも生きています。

ただ、体力的にも精神的にも少々無理をしていたかもしれません。日々の仕事に集中する生活で、休みにはゆっくりすることくらいしか考えられず、自分を見つめたりする時間はほとんどもてませんでした。希望していない環境に適応し、全力で頑張って結果を出せたとは思いますが、2004年6月、約2年務めた警視庁担当から異動し、外報部にまた戻ったときは、ホッとしたのも事実です。

もも、どこで働くことになっても、きみはそんな無理をせずに、自分らしく仕事ができることを願っています。

カイロ支局長にならないか？

社会部警視庁担当を終えて、本社勤務に戻ったママは、再び国際ニュースを扱う外報部の記者になりました。24時間365日、東京都内で何か事件事故があれば呼び出しに対応しなければいけない緊張感から解放され、基本的にはシフトで動く外報部勤務なので、「プライベートを充実させよう」と思ったものです。

もちろん、外報部の記者も飛行機の墜落事故など、日本人が絡む世界的なニュースが発生した場合は緊急呼び出しされる仕事です。ただ、頻度はそれほどでもないし、社会部異動前に1年半の経験があった外報部だったので、気持ち的にはずっと楽になりました。

入社5年目。ママは30歳になっていました。

ニュース番組のディレクターになって2〜3年経験を積んで映画事業部に異動できれば、と考えていた計画は修正の必要がありました。とはいえ、一度異動してきたら少なくとも1年半から2年程度は外報部勤務になるはずで、その間、映画企画などを考えようかと軽く考えていました。ところが、事は想定どおりには進みませんでした。

2004年9月。31歳の誕生日に合わせて久しぶりに馴染みの深いドイツやオーストリア、それにチェコのプラハを休暇で訪れ、リフレッシュして帰国、迎えた土曜勤務のときでした。

突然報道局の幹部に呼ばれ、「次のカイロ支局長にならないか」と打診されたのです。まさに青天の霹靂《へきれき》、2年前の社会部警視庁担当への異動を告げられたときも本当にショックで、びっくりしましたが、カイロ支局はそれをも超える驚きがありました。

時は、中東大混迷のころです。イラク戦争が一応「終結した」、とアメリカが宣言したものの、イラク各地でテロが頻発し、不安定化が世界の注目を集めていました。カイロ支局は、そのイラクもカバーエリアにしており、経験豊富な10年から15年以上のキャリアをもつ中堅以上の記者が行くポジション、という認識だったからです。

それに、特派員志望は当時多かったはずだし、そもそもママは、会社への異動やキャリアプランの説明資料に、「特派員希望」と書いたことさえありませんでした。にもかかわらず、突然人生が大きく変わる異動先を打診され、正直動揺しました。すぐには返答できず、週明けまで保留させてもらい、冷静に検討することにしました。

いろいろ考えました。カイロに行ったら人生はどうなるのだろう、と。任期は4年が目処、が当時の特派員の一般的な長さでした。まだ入社して5年目だったママにとって、その期間はとてつもなく長く感じられました。

31歳で行ったとして、帰ってきたら35歳です。5〜6年報道で頑張って映画事業部へ、というプランは完全に崩壊します。それに、イラク戦争の混乱が続く中東で、支局長という重責を果たすことができるのか……。カイロ支局長、といっても、記者は自分ひとり。カイロは、特派員がひとりしかいない支局でした。頼れるのは基本的に自分だけです。

実は、エジプトには、入社1年目の終わりに休暇で行ったことがありました。外報部の「受けの記者」として、イスラエルとパレスチナの衝突を伝えるニュースを断続的に担当し、紛争の根源にある聖地エルサレムをこの目で見てみたいと思ったのと、せっかくエルサレムに行くなら、近隣に位置するエジプトにも行ってピラミッドを拝みたい、と考えたのです。２００1年3月のことでした。だから、どういう雰囲気なのかは知っていました。エジプトにはわずか1週間足らずの滞在で、見るべき場所を回りきれず、もう一度いつかきっと行こう、とは心に決めていました。でもそれは、観光客としての話で、特派員として、とは想像していませんでした。

それでも……考えれば考えるほど、ワクワクしている自分に気がつきました。あんなにアメリカに憧れても行くことなど夢だった高校時代、大学そして大学院時代にも海外留学を希望しながら結局実現しないまま社会人になり、30歳になったいま、海外特派員になるチャンスが目の前に示されたのです。

ひたすら海外に憧れていたころと違い、もはやただ海外に住むことだけを目指してはいませんでした。せっかく行くなら、意味のある海外生活がしたい、と考えていたのです。紛争地帯・中東を担当するカイロ支局長という仕事は、国際ニュースの中心的な発信地のひとつに身を置いて勝負するということを意味していました。それは、自分にとって最高にチャレンジングだと思ったのです。

もも、きみもいつの日か、仕事をするようになるでしょう。そして、自分にはまだ早いと感じたり、自信がもてない仕事を振られたりする機会がくるはずです。そんなとき、どうか挑戦する勇気をもってください。オファーがあったということは、できると評価された、ということです。自信をもって全力で頑張れば、きっとうまくいくはずです。それに、失敗を恐れて成長する機会を逃すより、仮に思うようにいかなかったとしても、挑戦の過程で学びを得ることに大きな意味があるからです。

記者としてのキャリアは5年足らずでしたが、「谷生にオファーしよう」と考えてくれた人がいたからこその打診です。ママは期待してもらえるなら、全力で応えたい、とも思いました。

こうして、ママは、2005年4月、エジプトの首都カイロの地に特派員として降り立ったのでした。砂っぽい乾燥した独特の空気に再び触れたとき、人生の歯車が大きく動き出すのを感じていました。

「ついに来た」

それは、記者としてだけでなく、生き方そのものが変わる赴任になったのでした。

第3章

「ママ」がまだ男性だけど、自由に生きていいんじゃないかと気づいた中東特派員の頃のお話

カイロに来た！

ママが中東で過ごした5年の日々の話をします。

2005年4月10日、赴任のため到着したエジプト・カイロ国際空港の到着ゲートを出ると、外国人目当てのタクシーの客引きが一斉に群がってきました。

「タクシー？　タクシー？」

断ってもしつこくまとわりついてくる感じには既視感がありました。4年ほど前に観光客として来たときと同じ、騒然としたカオスの世界。まさにエジプトです。

人波をかき分けた先に、口ひげを蓄えた小太りのおじさん、カイロ支局の専属運転手ムハンマドが笑顔で手を上げて出迎えていました。

「タニオサーン、ウェルカム」

4年前に来たとき、支局長の許可を得て何度かムハンマドに観光名所へ連れて行ってもらったので、面識があったのです。当時、英語がほとんどできないムハンマドと、覚えたての片言アラビア語を使ってコミュニケーションしていたママを「ノリのいいお兄ちゃん」

と思ったのか、えらく気に入られていました。

実は、別れる前に、彼が知る限られた英語でこう言われたのです。

「アフターフォーイヤーズ（４年後）……プリーズカム（来てください）！」

支局長が４年のサイクルで代わることを知っていたムハンマドは、次の支局長として赴任してきてほしい、と訴えたのです。特派員を希望もしていないし、入社１年目の当時、仮に希望したとしても４年後にカイロ支局長になることなどありえないと思っていたママでしたが、むげに否定するのもどうかと考えてこう返していました。

「４年後は絶対ないけど、８年後なら……ありえるかも、ね」

ところが、ほぼ４年後、事態はムハンマドが望んだとおりになったのです。だからなのか、車に乗り込んでも満面の笑みでうれしそうです。

「ムハンマドが言ったとおりになったよ。４年後に来ちゃった」

英語でこう伝えると、伝わったようで、「だから言ったでしょう」という得意げな表情でニコニコ笑っています。

彼の運転する車に身を委ね、あちこちでクラクションが鳴り響く夜のカイロの喧騒を見つめながら、（思いもしない形で本当に帰ってきたな……）と感慨深い思いでした。

もも、人生は本当に予測不能です。想像さえしていなかったことが起こり、人生という冒険の旅路を複雑にして、主人公たる「自分」に挑戦してくるのです。その行き先や到達するゴールを面白くするのも、つまらないものにするのも、自分次第です。

31歳でカイロ支局長としてエジプトに戻ってきたママは、この地での来るべき年月を充実したものにしよう、という決意が湧いてくるのを感じて、胸の高まりを抑えられませんでした。

カイロ支局長、といっても、ほかに支局員はいません。つまり、たったひとりの記者として、中東・アフリカ全域の取材から支局の運営全般まで担当します。スタッフは、助手のナデル、運転手のムハンマド、それに掃除や食事などの担当ワッファ、の3人のみ。カイロ大学を卒業しているエリート男性のナデルは英語堪能ですが、ムハンマドは運転手としての仕事上欠かせない、時間の表現や行く・来るといった基本的な英語のみ、ハウスキーパーのワッファとはアラビア語を覚えて会話するしかない、という環境です。

当然、東京の本社とは頻繁にやりとりしますが、それもないときにはまったく日本語を話さずに1週間が終わることもある、というそれまでに経験したことのない生活が始まりました。自分以外に日本人がいないところでの暮らしは、新鮮でした。赴任当初は友人もいないので、本当に、「日本人ひとりぼっち」です。

日本人ひとりぼっち

「エジプトの〝IBM〟を知っていますか？」

赴任から数日後、エジプト政府が発行する記者証を作りに行ったプレスセンターの代表から言われた言葉です。アメリカのコンピューター会社のことではありません。エジプト人のメンタリティーを端的に示す3語なのだと言います。

「まずは〝I〟……『インシャアッラー』です。もともとはアッラー、つまり神が許し給《たま》えば、という意味です。本来、全知全能の神を前に、人間の存在の小ささを認識し、神が許し給えばそうなるでしょう、という意味で、先のことを話すときに使います。でも、エジプトでは、未来のことなどわからない、という言い訳に使われるのです」

つまり、約束の時間を守らなかったときの言い訳のように使われる、というのです。遅れたときに、だからインシャアッラー、と言っただろう、というわけです。

「次に〝B〟……『ボクラ』です。アラビア語で明日、という意味です。エジプトで相手に仕事をいつやるか、と聞くと、『ボクラ（明日）、インシャアッラー』と言われたとします。たいてい翌日仕事は手をつけられないんですよ」

ママの横の席でナデルは、苦笑しながら聞いています。

おそらく、外国から来たばかりの新任の特派員たちに何度もこの話をしているのでしょう。得意の「もちネタ」を淀《よど》みなく、という感じのスムーズさと笑顔で代表は話します。

「最後は〝M〟……『マレーシ』、です。気にしない、というアラビア語です。エジプトではあらゆる場面で使われます。たとえば、時間に遅れてもマレーシ、失敗してもマレーシ、ぐずる子どもをあやすのもマレーシマレーシ、というふうです」

「それは確かによく聞きますが、謝罪の言葉かと思ってました」

とママが言うと、その言葉を待ってましたとばかりに、言葉を滑らかに紡ぎました。

「確かに、軽い謝罪の意味で使われるのですが、謝罪の言葉は別にあるんですよ。でも、エジプト人はもっとカジュアルなマレーシ、をみんな言い訳みたいに使うから覚えていてください」

彼の言葉を身をもって理解するまでに時間はかかりませんでした。

ひとつのことを終わらせるのに、とにかく時間がかかるし、予測が立てにくいのです。

自宅に衛星放送のテレビアンテナを引いた際のこと。当初約束した日時に、エンジニアは現れず、一切連絡はありませんでした。後日再設定した時間。やっぱり来ません。今日も来ないか……と思っていると、約束の時間からきっちり1時間遅れて、エンジニアの若いお兄さんがやってきました。

1時間遅れての到着になったことを詫びることもなく、何事もなかったかのような登場です。怒っても意味のないことをすでに知りつつも、一言謝りの言葉があれば、と思ってしまいます。それでもぐっと感情を抑えて、エンジニアくんにどのくらいでアンテナなどを設置できるか聞きました。

「まあ1時間くらいですね、インシャアッラー」

この言葉を聞き、じゃあ倍の2時間くらいかなとママは思いました。でも、甘い見通しでした。あらゆる想像を超えた展開が起こるのがエジプトなのです。すべての作業を終えて、エンジニアくんが家を出たのは、実に8時間あまりが経ってからのことでした。衛星放送のアンテナ設置に8時間です。さすがは、悠久の時間を超えて、いまも世界中から観光客を集めるエジプト文明を生んだ国です。数時間という時間の単位なんて〝誤差〟なのです。

「長かったね……」

と精一杯の皮肉を言ったママに、彼は肩をすくめてこう言いました。

「マレーシ」

やはり、プレスセンターの代表の言葉は正しかったのでした。

赴任当初は、頭では理解しつつも、物事があまりにカオスなことに戸惑うこともしばしばあり、どうしてこんなにルールが機能しないのか、あるいはルールそのものがないのか、どうしても腑に落ちていませんでした。

でもカイロ暮らしがしばらく経ったころ、ママは少しずつ理解していきました。「システムのないことがシステムになっている」のだと。

たとえば、ママがいたころ、すでに1000万人を超える人口といわれていた巨大都市カイロには、機能している電気信号がほとんどありませんでした。当然、ものすごい数の交通量があるのに、です。大きな交差点には、警察官が立っていて、手信号で車の流れを動かしていました。

欧米のようなラウンドアバウト（環状交差点）もあちこちにあるのですが、譲り合うことで成立するはずのシステムではなく、われ先に突入していく車同士のせめぎ合いで、常にカオス状態でした。クラクションをすぐに鳴らすので、街にはいつもクラクションの音が響いているのです。

活気がある、と称することもできますが、どちらかというと、「めちゃくちゃ」なカオス、というのが的確な表現です。

日本やヨーロッパから友人が来て、数日間街を案内し、「カイロの印象はどうですか？」と聞くと、多くの人からはこんな感想が返ってきたものです。

「よく住んでるね……（こんなところに）」

こうした環境のなか、日本人ひとりで生活するのは、やっぱり大変です。でも、ママは、異文化への適応能力は高いほうなのか、赴任して２週間くらいしたころ、ナデルからこんなことを言われました。

「日本テレビカイロ支局に来て10年以上経ちますが、いままでの支局長のなかで谷生さんがいちばん早くここに馴染んでいると思います」

赴任から半年で出張した国・地域は、レバノン、イスラエル、パレスチナ、ヨルダン、クウェート、イラン、サウジアラビア、それにヨーロッパのイギリス、と文字どおり中東各国とヨーロッパを飛び回る生活でした。それぞれに文化や特徴が異なる国に滞在し、取材してはニュースを出す日々は、日本とはあまりにも違う価値観に対応し、理解しようと絶えず試みる時間でした。

ドイツ語地域を中心に、ヨーロッパについては大学院まで行って研究し、少しは造詣を深めたと思っていたし、海外のことをそれなりに理解している、と赴任前のママは傲慢《ごうまん》にも感じていました。ところが、中東で暮らしてニュース取材で各国を駆け回り、現地の人びとに話を聞いたり、調べたりして見えてきた世界は、それまで知っていたものとはかなり違うものでした。

加えて、日本人ひとりぼっちの環境です。否が応でも世界について考えたり、自分と向き合ったりする時間が増えました。こうして31歳のママは、会社に入ってから忘れていた感情を思い出し、どう生きていきたいのか、についても深く考えるようになったのです。

もも、まったく環境が違うところに身を置いて、何かに打ち込んだり、一生懸命に仕事をしたりすることで、気づかなかったことに意識が向くようになり、自分自身への理解が深まることがあるのです。ママにとって中東での日々は、まさにそんなきっかけを与えてくれたのでした。それは、人生観を変え、さらに豊かにしてくれた5年間でした。だから、ももにも、いろいろな世界を見てほしいのです。できるだけ複数の視点から。そうした機会にももが巡り合えるためなら、ママはあらゆる協力を惜しみません。

他人の目を気にしなくていい世界があった

カイロ生活を始めて半年ほどは、出張が多く、1か月の半分くらいは中東のどこかに取材で出かけている状況でした。担当するカバーエリアの実情を把握し、理解を深める観点からは理想的な展開です。ただ、そうなると、自宅のあるエジプトでの暮らしは、次なる取材場所への準備や英気を養うことが中心になります。

友人をつくったり、交流したりするソーシャライジングの機会があまりもてず、休みの日はひとりで町を探索するか、自宅で過ごすことがほとんどでした。

2005年当時のカイロでは、停電がいつ発生しても驚かないくらいの頻度で起きるなど、インフラには課題がありましたが、インターネット回線は比較的安定していました。そこで、ネット記事を読んだりホームページを見て回ったりする「ネットサーフィン」をしょっちゅうしていました。振り返れば、SNSがまだほぼなかった時代の話なので、いまでもネットサーフィンは死語に近いですが、ももが大きくなるころには、理解不能な言葉になっているかもしれませんね。

　そのころインターネット空間ですごい勢いで伸びていたのが、ブログでした。有名無名を問わず、あらゆる人が自分の体験や考えなどを綴って発表するウェブ上の公開日記のようなものです。


　あらゆるテーマについてのブログがあるなか、ママは特定のテーマについて書かれたブログを探して読むようになっていきました。それは、当時「ニューハーフ」という呼称が一般的だったトランスジェンダー女性の人たちによるブログでした。

　男性として会社に所属する人が、在職中に女性への性別移行（トランジショニング）を始めて、資金の貯金や、永久脱毛など在職しながらできることを進め、準備が整ったときに退職し、性別移行手術をタイで受ける——といった体験談がたくさんありました。なかには、すでに外見は女性に見えるものの、性別移行手術は受けていないトランスジェンダー女性が女性として会社員生活をする様子を描いたブログもあり、そんなことができるのかと衝撃を受けながら夢中で読んだものです。

ほかにも、ふだんは男性として「普通に」勤務しながら、週末は女性装をして楽しむ、といった女性にしか見えない人、あるいはショーパブなどでダンサーやホステスとして働き、フルタイムで女性として暮らす、いわゆる伝統的な意味でのニューハーフ、などさまざまな形で性別移行をしているトランスジェンダー女性たちの記事が、探せばいくらでも出てきたのです。

この時代、こうした人それぞれの性別移行の実例がネット上で可視化されていた背景には、法体系の整備も大きく影響していたと思います。

「性同一性障害者の性別の取扱いの特例に関する法律」、いわゆる「性同一性障害特例法」や「ＧＩＤ特例法」と呼ばれた法律が２００４年に施行され、条件を満たせば、戸籍上の性別の変更が公式に可能となっていたのです。

ママも社会部警視庁担当の記者として、法律が制定、施行されたニュースは把握していました。でも、当時は「体育会系のふり」をしながら全力で事件記者をしていたため、「当事者にはよいニュースだな」と感じながらも、自分のこととして捉えることができませんでした。すでに話したとおり、心のゆとりもまったくなかったからです。ところがカイロに来て、自分と向き合う時間が圧倒的に増えたことで、「女の子になりたい」という忘れかけていた幼い日からの夢を「思い出した」のでした。

エジプトは、イスラム教徒が人口の約9割を占めるとされ、イスラム教で同性愛がハラーム（禁忌）であるため、同性愛は犯罪です。性別移行が同性愛にあたるかの議論は脇に置いたとしても、トランスジェンダーという生き方は、この国では極めて困難です。そんなエジプトの地で、トランスしたい、という希望を思い出したのは、いまから考えると皮肉にも思えます。その大きなきっかけとなったのは、インターネットから得られる関連情報でした。

その意味で、エジプトがインターネットの閲覧制限をしていなかったことは、ママにとって僥倖でした。同じアラブ諸国でも、イスラム教の聖地メッカとメディナをもつサウジアラビア、ドバイを抱えるアラブ首長国連邦（UAE）やクウェートなどの湾岸諸国では、「不適切」とされるサイトへのアクセスは制限され、閲覧することができませんでした。幸いエジプトにはそうした制限がなかったおかげで、ママは欲しい情報に触れることができたのでした。

もも、正しい情報に自由にアクセスできることは、人間にとって根本的に重要な権利です。でも、いまも世界では、それがかなわない国や地域があるのです。そのことに思いを馳せながら、情報アクセスに制限をかけようという動きには、常に警戒と疑問の姿勢をもてる人になってほしいと思います。

こうしてママは、かつての秘めた希望を思い出し、具体的な行動を検討しはじめました。日本から遠く離れたエジプトで暮らしている状態が追い風になったのです。

どういうことでしょうか? それは、「他人の目を意識しなくてもよかった」ということでした。

自分が支局長であるカイロ支局では、自らの責任において、基本的には自由に多くのことを決められます。勤務時間や支局のルールはもちろん、いつ何を着ようがどういったファッションに身を包もうが自由なのです。「職場にふさわしくない」といった指摘をしてくる上司や同僚がいないからです。

それに気づいたママは、できることから始めることにしました。

まずは、メイクの練習です。基本的なメイクの流れは、ドラァグクイーン時代に身につけています。そのときに使っていたメイクセットは、カイロにも持っていっていました。「ヨーロッパで使うことがあるかも」と思ったからでしたが、想定していなかった形で活躍することになりました。

はじめはナチュラルメイク、ベースメイクと眉毛を整えて描くくらいの簡単なメイクからスタートです。そのくらいなら誰にも気づかれません。でもやっている本人からすれば、「メイクをしている」ということがうれしく、大きな一歩に感じられたのです。

次に、アイラインを細くひいて、ベージュや薄めの色味の口紅をつける――と少しずつエスカレートさせていきました。

通常、成年に達した男性が女性へのトランスをしようとするとき、大きな課題になるのがひげや体毛です。幸いママは、ひげや体毛はそれほど濃くありませんでした。これは、思春期に耳にした「ひげは剃るとどんどん濃くなる」という指摘に真剣に耳を傾け、指で抜くという処理を続け、のちに毛抜きで抜く、という方法をずっと続けたことがよかったのかもしれません。

警視庁担当時代の一時期、顎ひげを伸ばしたりもしましたが、ひげを毎日剃る、ということをせずに、1週間に1度を目処に抜く、という独特な処理方法を31歳になるまで続けた根底には、「いつか女の子になりたい」と夢見た幼い日からの想いがあったのかな、といま振り返れば気づきます。

こうしてメイクをすることを日常化し、同時にファッションを変えていくことにしました。成人男性が自分用のレディースの洋服をどこで買うのか。日本でもトランス希望の男性に立ちはだかる壁です。

でも、日本や欧米諸国では、通信販売などに活路を見いだすこともできます。ところが、エジプトに外国人用の通信販売などはありません。さらに、イスラム教徒が大多数を占め、法体系を含めた国のルールの根幹にもイスラムの考えが根づいた中東のほとんどの国では、同性愛は犯罪です。

性別移行は必ずしも同性愛とイコールではありませんが、いずれにしても白い目で見られるばかりか、逮捕や場合によっては死刑にさえされかねない危険な行為なのです。

まずは「中性的なファッション」から始めてみる

ではどうするか。問題にならない場所で、理解ある店員から購入する、というのがママの考えた解決方法でした。具体的にいうと、ショッピングモールに入っている欧米系のブランド店で、フィリピン人女性店員たちから買えばいいのです。赴任から半年は、クウェートやドバイのあるアラブ首長国連邦、それにレバノンへの出張がたびたびありました。こうした国々には、フィリピンから出稼ぎに来ている労働者が多数いて、レストランやショッピングモールの店員としても多く働いていました。

フィリピン人の女性店員は、たいていとてもフレンドリーで協力的でした。見た目は完全に男性だったママがレディースの洋服を買いたい、とわかっても、「あ、この人はそうなんだな」とすぐに理解して自然な接客をしてくれたものです。

フィリピンは、トランスジェンダー女性の美人コンテストが定期的に開催されていることでも知られていて、ママも大学時代にそうしたコンテストの受賞経験のある「ニューハーフ」たちと友だちになり、交流していたことがあります。トランスジェンダーや同性愛に寛容な国民性の国、というイメージのとおり、洋服や化粧品店のフィリピン出身の女性店員たちは、ママに優しく接してくれました。

あるいは、フィリピンを含むアジア出身の外国人労働者に対して、差別的な扱いをすることがいまでも問題になる湾岸諸国で働く身として、同じアジア人であるママに親近感を覚えてくれた側面があったのかもしれません。いくつかの店の店員とは、とても仲良くなり、出張のたびに会いに行って買い物したものです。

こうして、長期出張中のクウェートなどで、空いた時間にモールへ行き、まずは「中性的な」デザインのレディースの洋服や、メイク道具、レディースのバッグや靴を買いそろえていきました。

最初の段階では、「中性的であること」を重要視し、中東の町で身につけていても、「おしゃれな男性のファッション」にカテゴライズされるように意識していました。それは、中東にいながら、少しでも女性らしく見えるようにしたい希望を満たしつつ、当局に目をつけられないようにするため、という自己防衛策でもあったのです。

また、各地で買い物をするうちに、レバノンやシリア出身のキリスト教徒の女性店員たちも、とても協力的であることがわかってきました。これは、それぞれの国でマイノリティーである属性をもっていることが、中東ではマイノリティーである日本人で女性の洋服を買いたい男性、という少数派のなかの少数派であるママへの優しさにつながっていたのかな、という気もします。

かくして、カイロ赴任から半年ほどが経過した2005年の秋ごろから、ママのファッションは少しずつ、でも確実に変化していきました。中性的なレディースのブラウスやカラフルなパンツに身を包み、バッグもレディースで、顔にはファンデーションと眉、アイラインのメイクを施して……そんないでたちで中東の街を闊歩《かっぽ》するようになっていったのです。

もちろん、テレビで「顔出し」を伴うリポートなどをするときは、メンズのワイシャツにジャケット、というスタイルは崩しませんでした。ニュースを伝える立場である以上、自分のトランス性は隠さなければいけない、と考えたからです。でも、ナチュラルメイクは変えませんでした。画面越しだと、気づかれないだろう、と思ったのです。

このようにして、中東の地で忘れかけていた幼い日の秘めた希望が再び頭をもたげだし、どこに帰結するかもわからないまま、心の導きに従って、ママはトランスへの旅路を歩みはじめたのでした。

「she」と呼んで傷ついたその人は、「he」と呼ばれたかったんだ

カイロ支局のカバーエリアで、主要な取材対象のひとつは、イスラエルとパレスチナでした。イスラエルが1948年にパレスチナの地に独立を宣言して以降、両者は現在に至るまで幾度も戦火を交えてきました。ただここでは紛争ではなく、ある取材を通してママが感じたことや、この地で取ったトランスにつながる行動について話します。

係争地であるエルサレムは、異なる宗教を信じる人びとがモザイク模様のように町を形成し、暮らしています。宗教が文字どおり、目に見える形で生活の一部あるいはすべてとなっていることを否が応でも感じざるをえないほど、極めて宗教的な町です。

一方で、ユダヤ教、キリスト教、イスラム教のいずれからみても聖地、という歴史ある町は、世界的な観光地でもあります。ママも、入社1年目に観光客としてエルサレムを訪ねたことは、すでに話しましたね。行けばすばらしい場所であることがわかるので、ももにもお勧めです。

さて、2006年秋のこと。イスラエル人の助手からメールで連絡が入りました。

「聖地エルサレムでゲイパレードを行う、という計画が進行中で、超正統派ユダヤ人たちが過激な方法で阻止しようと動いている。これは、荒れるぞ。双方に逮捕者まで出る大騒ぎ、あるいはそれ以上の事態になるかもしれない。

主催者は開催を強行する考えのようだが、当日まで何が起こるかわからない。

これは、取材するに値するストーリーだと思う。……とくに、あなたはこの話に興味があるかと推察するが」

すでに何度も出張し、ママの「中性的」なスタイルを見ていた彼は、聖地エルサレムでの「プライドパレード」というネタに個人的にも関心があるはず、と考えたというのです。

確かに当たっていました。それに、中東から戦争やテロ以外のニュースを伝えることも、任期中のひとつの目標と考えていたママは、このネタを現地で取材することにしました。

ユダヤ教・キリスト教・イスラム教のいずれの立場からも同性愛は禁忌、最大のタブーのひとつです。同性愛者やトランスジェンダーらが自らのセクシャリティーやアイデンティティーを誇示し、街を練り歩くプライドパレードを行うには、各方面からの強い反発が容易に予想されました。

ある意味ですべての宗教を敵に回すような「挑発的な」行為、といえなくもない、と当時のママは考えました。そこで、なぜ、エルサレムでのパレードにこだわるのか、主催者のひとりに直接取材することにしました。

「われわれがパレードを通じて伝えたいことは、人はみな平等だということです。このパレードはゲイやレズビアン、トランスジェンダーの人びとのためだけに行うのではありません。いまよりもさらに市民の権利を尊重し、寛容で、民主的なエルサレムをつくることを目指す一般の人びとのためでもあるのです」

エルサレムのオフィスでサアル・ナタニエル氏はこう熱っぽく語りました。

「だからこそ、エルサレムでパレードをすることが重要なのです」

話を聞いて、なるほど、とママは納得しました。誰もが平等であると感じられ、寛容な町を目指すため、という説明に説得力がありました。それまでプライドパレードに出たことも見たこともなかったママは、奇抜なファッションの人たちが集まるイベント、というくらいの軽薄な知識しかなかったのです。

この年、プライドパレードが大きく注目を集めたのは、エルサレムの中心でパレードを敢行することを目指したからでした。ママが現地に入った開催日の数日前、反発する宗教的な勢力による抗議行動が暴力的なものに発展、逮捕者を出すなど、助手の言ったとおりテレビや新聞を賑わせる事態となっていました。

なかでも、とくに激しく抗議の声が上がったのが、超正統派ユダヤ教徒が暮らす西エルサレムにあるメア・シェアリームと呼ばれる地区でした。街を歩くのは、黒ずくめの衣服に大きな帽子、豊かな顎ひげに、クルクル巻きの長いもみあげの男性や、同じく黒ずくめの長いスカートや長袖で肌の露出を徹底的に防ぐファッションに身を包んだ女性たちです。

撮影されることを好まない人も多いため、カメラ取材は慎重に行う必要がありましたが、事前のアレンジもあり、反対する人びとの声を聞くことができました。

地区を訪ねたとき、黒装束に身を包んだ若者がパレード開催阻止を訴えるポスターを張るなか、同じく強い調子で反対を訴える街宣車が走り回るなど、街にはどこか緊迫感が漂っていました。

「ユダヤ教徒、キリスト教徒、イスラム教徒、誰もが、エルサレムは神聖な場所だと知っているではないですか。ここは異常なことをする場所ではない！　パレードなど、決して許される行為ではない」

取材に応じてくれた若い男性は淡々と、でも非常に強い調子で批判を口にしました。

また別の男性は、同性愛への嫌悪感を露わにしました。
「(神に)禁じられたことです。本当に気持ちが悪いです」
気持ち悪い、と言われると、ママも自分のトランス願望のことを言われたような気がして、嫌な気持ちになりました。私も気持ち悪い、と言われるのだろうな、と思ったのです。

扇情的なファッションに身を包んだ男女が闊歩するイスラエルの中心都市・テルアビブとはあまりにも違う世界です。

ユダヤ教徒でも、世俗的な人はユダヤ教徒であるということが外見からは判断できません。でも、超正統派と呼ばれる人たちは、黒ずくめのファッションや特徴的な髪型などから一目でわかります。見た目だけでも強烈なインパクトを放つ彼らは、宗教的な生活を実践し、外の世界との接触さえ拒む人も多いといいます。

男性は豊かな長いひげを蓄えていることや、女性が徹底的に髪と肌を隠すこと、などイスラム教の原理主義者と似ているところもあり、当初は興味深く思ったものです。

一方で、両者への取材経験を重ねたことで、彼らの立場の違いのあまりの大きさを体感し、ママはとても重苦しい気持ちになったのを覚えています。どうしたら、こんなにも違う人たちが和解できるのか、と。

もも、世界は実に多様で、本当にさまざまな人たちが暮らしています。国や民族の違いはもちろん、同じ国にあっても、まったく異なる人生観と宗教観をもち、それぞれ相いれない価値観の中で人生を生きていたりするのです。ときに市民としての義務さえも免除されている人がいて、イスラエルにおける超正統派と呼ばれる人たちはまさにそんな存在でした。彼らは通常の学校教育の枠組みには入らず、兵役義務も免除されています。

まったく立場の異なる二者を取材し、これはプライドパレードの開催は難しいのでは……という思いをママは強くしていました。


予想は的中し、ナタニエルさんら主催者は警備当局と交渉を続けましたが、事態の深刻化をおそれた当局は町の中心でのデモ行進を認めませんでした。

結局イベントはエルサレム市内にある広大なヘブライ大学のキャンパスを会場に、集会形式で行われました。大きな混乱は起きませんでしたが、それでも、合わせて約7000人もの警察官が動員され、ヘリコプターまで投入される厳戒態勢での開催となりました。

当日、会場を取材すると、パレードが開催できなかったことに対し、失望の声が聞かれたものの、メイン会場ではコンサートなどが開かれ、ド派手なファッションに身を包んだ人びとが盛り上がる姿が見られ、平和な雰囲気でした。参加者の多くが「自由なエルサレム、表現の自由を守るためにこのイベントに来た」と口にしたのが印象的でした。

また、参加者にインタビューをした際、心に残ったことがありました。短髪にハードなメンズファッションで固めたひとりに取材後、その人を指してママが「彼女は……」と言ったときのこと。

「あ——、ほら『彼女は』と言われた！　だから嫌だったんだよ！」

と激しく取り乱しはじめたのです。ママがその人のことを女性、と思って、英語で「she」と形容したことがその人を傷つけてしまったようでした。周囲の友人らになだめられる様子を前に、ママは、その人が移行中ないしは移行希望のトランスジェンダー男性で、「he」と呼ばれたかったことに気づいたのでした。

そのころ、自分もトランスへ向かうことは想像できていませんでしたが、性的マイノリティーコミュニティーへの共感を強くもっていたママにとって、目の前の取材対象に嫌な思いをさせてしまったことに悔いが残りました。

いまはそのときよりもっと、彼の気持ちがわかります。日本語と違っていくつかの海外の言語では、彼、彼女、という代名詞を頻繁に使用することが一般的です。海外で彼、と形容されたら、ママもしばらく落ち込むからです。

ももは最近、ときどき冗談っぽく、ママを「パパー」と呼ぶことがありますね。確かに私はもものパパなのですが、やっぱりママと呼んでもらいたいのです。

この取材全体を通して、最も印象的な言葉があるので、ももに伝えます。

主催者のひとり、ナタニエルさんが語ったことです。

「パレードの反対派にはユダヤ教徒、キリスト教徒、イスラム教徒、すべてがいて、ゲイパレード開催阻止の名目で協力していました。おかしいのは、彼らは何かを憎むときだけ協力するということです。もし、彼らがここ中東で起きている紛争に対して、解決策を探る努力を協力してできれば、世界はよりよいものになるはずです」

結果的に大きな衝突などは起こらず、事前に想像した展開にはならなかったこの話、ママには、自分とは異なる他者に対しての寛容さ、思いやりの重要性を問いかけているように思えました。それは、他者との間に存在する見えない線や壁を超える行為でもあります。

ももも、きみがそんな精神をもってくれるとすばらしいなと思います。

この取材をきっかけにして、ママはイスラエルでは、性的マイノリティーの人たちとの接触を意識してもつようになりました。

エルサレムとは違い、地中海に面した経済の中心都市テルアビブは開放的で、トランスジェンダー女性たちものびのびと暮らしていました。そんなひとりと友だちになり、ひげの永久脱毛のクリニックを紹介してもらい、出張の合間を縫って何度か施術を受けはじめました。30代に入り、それまで抜いて処理してきたとはいえ、年々濃くなっていることを日々実感していて、本当に嫌だったのです。

こうして、取り戻しがきかないひげの永久脱毛を始め、ママはトランスへの道へ歩みをさらに進めたのでした。どこまでたどり着けるのか、わからないままに。

人はいつ死ぬかわからない

カイロ支局へ行く前、知り合いに赴任を伝えると、「中東は危ないでしょ? 気をつけてね」と言われることが頻繁にありました。それもある意味では仕方のないことでした。そのころ、中東について伝える日本のニュースは、イスラエル・パレスチナの衝突、テロ事件、泥沼化したイラク戦争などがほとんどだったからです。

ただ、入社1年目でイスラエル、パレスチナ、そしてエジプトを旅行していたママは、中東がいつも戦争や紛争にあふれているわけではなく、現地に行ってみれば、日本と変わらない当たり前の日常があることを理解していました。

そんなわけで、意識的に中東各地のグルメネタや古代遺産などの文化ネタ、レバノンの美容整形やカイロで活躍する日本人ベリーダンサー、カイロオペラハウスを本拠とするバレエ団所属の日本人バレエダンサーなども取材し、「危なくない中東」ニュースも定期的に出しつづけました。

それでも、いわゆるストレートニュースといわれる、ど真ん中のニュース取材では、やはりテロ事件や戦争をいくつも取材しました。

テロ事件をいくつか取材して、気づいたことがありました。それは、テロが起きた現場の周囲は、緊迫した治安の悪い場所ではなく、市民生活が普通に送られている街角であることがほとんどだということです。

ここでは、テロ取材で感じたことを話します。

テロ事件でとくに印象的だったのは、エジプト東部・シナイ半島にあるリゾート地・シャルムエルシェイクの現場でした。2005年7月、複数の場所で同時多発的に自動車に仕掛けられた爆弾が爆発し、100人以上の死者を出した大規模なテロ事件です。世界的に有名なスキューバダイビングの名所で、ママ自身、観光客として2001年に訪れたところです。

現場になったのは、ショッピングモールや欧米系の有名ホテルの入り口などでした。シャルムエルシェイクはカイロから数百キロ離れているため、現地入りしたのは、発生から10時間近く経ってからでした。ホテル前の現場はすでにほぼ規制線がなくなり、爆発による瓦礫《がれき》などの多くは片づけられていました。それでも、真っ黒になった道路や、数十メートル離れたところにも残るガラス片など、爆発の威力が感じられました。

ショッピングモールの現場は、さらに生々しいものでした。爆発の規模がさらに大きかったらしく、自動車に仕掛けられた爆発物があった地点は、クレーターのようにアスファルト製の道路が抉《えぐ》れ、数メートルもある大きな穴になっていました。

ショッピングを楽しんでいた家族連れも犠牲になったということで、実際に大きな穴には、巻き込まれた人たちのものと思われる物が無造作に置かれたままになっていました。

目をやると、瓦礫や黒焦げた何かわからないものに交ざって靴までありました。サイズの小さな、明らかに子どものものと思われる靴でした。胸が痛みました。思わず、手を合わせたのを覚えています。

テロの発生は、夕食時を過ぎたころでした。リゾート地でのショッピングや食事、誰もが楽しい時間を過ごしていたところに、突然爆弾による爆発が起きたのです。何の罪もない人たちを犠牲にした事件に怒りが込み上げました。現場に残された靴などの品は、確かにほんの少し前までは人生を謳歌《おうか》していた人たちの命の証しを生々しく伝えていました。

現場に行って、仮に同様の事態が発生したとしても、なかなか日本では目にしないであろうこうした命の痕跡を目の当たりにしたとき、記者としてのママにではなく、人間としての意識の中に、何か大きな変化が起きたように思います。

それは、〈人はいつ死ぬかわからない〉という事実が、感じたことのない現実味をもって腑に落ちた瞬間でした。

その後取材が一区切りして、いったんホテルにチェックインし、続報取材に向けて体を休めることになりました。選んだホテルは、事件があったホテルから数百メートルは離れたところでしたが、入り口や道路から近くの部屋は、嫌だなと感じた記憶が鮮明に残っています。

ベッドに横になっても、いま、このホテルの入り口で爆発があったら助かるかな……といった考えが脳裏をよぎり、しばらく寝つけませんでした。それ以前には湧いたことのない感情でした。


もも、ママは、中東で〈人はいつ死ぬかわからない〉という、考えれば当然の事実を、特派員としての仕事を重ねるなかで、突きつけられるような形で認識しました。だからこそ、〈後悔のないように人生を生きなければ〉と思うようになったのです。

それは、中東生活で得たひとつ目の大きな気づきでした。そして、この気づきが、男性として生まれながらも、「女性」として生きよう、というトランジション（移行）の判断に大きな影響を与えることになりました。でも、中東で暮らしていたころは、テロや紛争が多い中東は人の命が「軽い」から、そう感じているのか、とも考えていました。

そんなわけはないですよね。世界中どこにいても、残念ながら人間は、不測の事態で突然に命を奪われてしまうリスクから逃れることはできないのです。それは、世界一治安がいい、とも称される日本でも同じことです。のちにママもそのことに気づきました。このあたりの経緯については、もう少しあとで話すことにしますね。

イランで感じた2つの矛盾

カイロ支局にいた5年の間で、イランは最も出張が多かった国のひとつでした。2度の大統領選挙、核問題関連取材、スポーツ取材に邦人の拉致事件など合計8回訪れました。赴任直前にもサッカーワールドカップドイツ大会の最終予選取材で東京からテヘランに行きましたし、縁のある国なのでしょう。

それまで抱いていたイランのイメージは、黒ずくめの衣装に身を包んだイスラム教徒の女性、頭にターバンを巻き豊かなひげを蓄えたイスラム法学者……といったイスラムに関するもの、さらに学生時代に鑑賞したイラン映画の巨匠アッバス・キアロスタミ作品が描く世界でした。

実際に特派員として訪れ、取材や滞在を重ねるうちに感じたのは、2つの矛盾する思いです。

ひとつは、エジプトなどのアラブ諸国では感じない「アジア」をイランでは感じる、ということでした。それは、人びとの風貌からということではなく、街並みが醸し出す雰囲気からだと思います。都市圏人口1000万人を超える大都会テヘランは近代的な街で、鉄筋コンクリート造りのビルが立ち並び、多くの車や人が行き交います。大通りでは街路樹も多く、北側にそびえるアルボルズ山脈から流れ出る雪解け水が町の北側から南に向かって流れるなど、自然を感じる環境でもあります。

エジプトや湾岸のアラブ諸国では砂漠の砂の黄色っぽさがより強く感じられるのですが、テヘランでは、雪山や緑や水のイメージをより強く感じたのです。そんな環境に近代的な街並みが広がり、そのなかにときおりモスクがある風景は、アジアの端に位置する日本を想起させるものでした。近代的な街並みに神社仏閣が共存している日本に似ている、とママは感じたのです。

もうひとつは、社会を覆う独特な閉塞感《へいそく》です。これは、イスラム教に基づく国づくりによって、女性は外国人も含めスカーフなどで髪を隠すことが義務づけられているほか、アルコールの販売などは原則禁止であるなど、日本を含む先進諸国とは異なる価値観が支配していることが影響していると思います。

とくに後者は出張を重ね、現地の人たちへの取材や接触が増えるほど強く感じるようになりました。そして、最後の出張となった２００９年６月の大統領選挙取材で、いま思い出しても息苦しさを感じるような重く強い印象を残したのです。

イランの大統領選挙取材は２度目でしたが、２００５年の１度目の経験で学んだのは、とにかく予想が立てられない、ということでした。

そうしたなかで迎えた２００９年の大統領選挙。改革派の候補には、現状変更を望む都市部の若者を中心に熱狂的な支持が広がっていました。

ママは、大学生と大学院生の女性２人に密着し、「イランを変えたい」という熱い思いをもって、ボランティアで選挙運動をする様子を取材しました。声を聞くと、アメリカなど西側諸国に強硬な姿勢を徹底する現政権への強い批判や、イランという国が国際社会において尊敬を失っていることへの失望、そして女性の服装やファッションへの取り締まりを強化する体制への不満があふれていました。

緑色のイメージカラーを身につけた改革派候補支持者の若者がテヘラン市内のあちこちでパンフレットを配ったり、支持を訴える活動を行ったり、選挙戦は非常に盛り上がっていました。ピースサインをしながら口々に「自由を！」と呼びかける若者たちの熱気の渦は、うねりとなってイラン全土を席巻しているようにも見えました。

選挙前日の夜、密着した女性が運動する様子を取材し、純粋に国をよくしたいという若者の情熱と熱量に心を揺さぶられ、不覚にも涙が出たことを覚えています。

結果は、激戦の予想をくつがえし、現職の強硬派・アハマディネジャド大統領の圧勝でした。開票から驚くべき早さで発表された結果に、改革派陣営は猛反発、「不正選挙」だとして徹底抗戦を宣言しました。

そして、翌日早くから、大きなデモがイラン全土に広がる事態となったのです。

憎悪の目をした男に、思いっきり噛みつかれた

選挙翌日の朝、取材に出ると、テヘラン市内を南北に貫く幹線道路で若者らが集まりシュプレヒコールを上げて結果に抗議していました。その様子を取材していると、治安当局が駆け寄ってきて取材禁止を一方的に通告し、カメラマンから取材テープを取り上げようとしました。交渉して事なきを得ましたが、当局が大規模なデモやメディアの取材を警戒しはじめていることは明らかでした。

そこで午後に入り、別の場所で行う取材では、慎重を期して場所どりを行い、治安当局から離れて取材活動をすることにしました。

取材ポイントである市内西部の大きな交差点でのデモは、次第に大規模になっていきました。ラウンドアバウトは車で埋め尽くされ、緑を身にまとった若者らが怒りの声を上げて練り歩いています。ただ治安当局は取り締まる部隊を次々に増強し、周囲は緊迫の度合いを増していきました。

オートバイに乗った特殊部隊が出動してきたときには、数百人のデモ隊と治安部隊が衝突し、一部の若者らが拘束されはじめていました。絶叫とクラクションと、催涙ガスが飛び交う大混乱です。

必要なインタビューや映像など取材はそろったこと、明らかに取り締まりのテンションが数段上がったことを察知したママは、拘束されるリスクを避けるため、現場を急ぎ離れることにしました。

撮影を続けるカメラマンを促し、走って取材車が停めてある方向へ走り出しました。治安当局がこちらを指さしているのも見えます。もはや一刻の猶予もありませんでした。全力で逃げるのです。数百メートル走り、大丈夫かと思ったときでした。背後からママを呼ぶ声がしました。カメラマンです。振り返って見ると、彼は身長が一回り以上小さな、私服を着た男に拘束されていました。おそらく当局に協力する民兵組織のメンバーです。

こうなると、ひとり見捨てて現場を離れるわけにはいきません。仕方なく、来た道を戻り、拘束されて身動きが取れないカメラマンのほうへ近づきました。すぐに脇から別のひげ面の男が駆け寄り、ママの腕と指をつかみました。

「いたたた‼」

思わず声が出ました。拘束術の訓練を受けているのでしょう。ママよりも身長は10センチほど小さい筋肉質の男でしたが、とんでもない馬鹿力で、ママの右手の指を折るように右側から動きを封じられました。

「わかったから、行くから！」と思わず日本語で叫ぶと、その男は血走った目でママをにらみつけます。

そして次の瞬間、おそらく一生忘れられないことが起こりました。

右の二の腕にその男が**噛みついた**のです。それも間違いなく全力で。数秒間続いた「全力噛み」にママは衝撃を受け、反射的に痛みで絶叫しました。

……信じられませんでした。拘束した無抵抗の外国メディアの人間に、噛む、という暴行を加えるのです。まさか噛まれるとは想像もしていなかったし、現実に起きた事態がすぐには飲み込めないほどでした。なんという野蛮極まりない行為でしょう。だけどもも、これは本当にママの身に起きたことなのです。

噛まれる直前、その男の目に映ったのは、完全なる憎悪の感情だけでした。それは、外国メディアへの強い怒りであるようにママには感じられました。「どうせお前らがイランを悪く言っているんだろう」という一方的な思い込みに基づく、逆恨みのような感情です。

不幸中の幸いか、そのとき、長袖のシャツに加えて、厚手のサファリジャケットを着ていました。取材時用にパリで買ったイヴ・サンローランの一張羅《いっちょうら》です。そのしっかりした生地がママの右の二の腕を守ってくれたのでした。それでも、それから腫れがひくまで1か月以上かかる、けっこうな怪我をさせられました。

信じられない出来事のあと、日本の交番のような治安当局の小屋に連行されました。そのとき、頼るべきイラン人の若いコーディネーターがその場にいないことに気づきました。すでに逃げ出していたのです。考えられない事態に唖然《あぜん》としましたが、なんとか自力で乗り切るしかないと腹をくくりました。一緒に拘束されたカイロ支局の助手ナデルはエジプト人で、ペルシャ語は話せません。

20平方メートルくらいの縦長の空間の両端にベンチがあり、そこにほかの拘束者と共に座らされました。すると、ロボコップのような黒いプロテクターに身を包み、黒いフルフェイスヘルメットで顔を隠した大男の治安部隊員が、学生と思《おぼ》しき青年の首根っこをつかみ、入ってきました。そのまま馬乗りになって、青年をゴムまりのように激しく殴りはじめました。目前で展開される見たことのない激しい暴力。ママは目を背けるしかありませんでした。

そんな壮絶な空間で、ママはかろうじて英語が通じる、いちばんランクが上とみられる口ひげの男と必死に英語で交渉を続けていました。しばらくすると、その男はカメラのテープを出せ、と言い出しました。映像取材のすべてが収録された、テレビ報道にとっては最も大切な取材の成果です。カメラマンはカメラが壊れたと訴え、素材を守ろうとしますが、口ひげ男のテンションはどんどん高くなり、ついには警棒を取り出しました。

それ以上頑張ると、おそらくカメラは破壊され、警棒で暴行を受ける最悪の事態が想定されました。ついさっきまでロボコップ男の暴行を目撃し、ママ自身も馬鹿力の小男に二の腕を本気で嚙まれるという信じられない暴力を受けたのです。

「……テープを出しましょう。もう無理です」

とママはカメラマンに告げました。テープを渡して、この場を一刻も早く離れるしかありません。拘束が長引き、別の場所に移されると、さらに厄介な事態になります。泣く泣くテープを渡すと、行け、と顎で示されました。解放です。

治安部隊の小屋を出ると、周囲はまさにカオス状態、あちこちで逃げ惑う若者が屈強な治安部隊や警官らに拘束されていました。走って取材車が停めてあるはずの場所へ向かいます。途中、別の治安部隊がママたちを指さして追いかけてきます。

「お前らの仲間にもう拘束されたんだよ！」

と叫びながら全力で走って逃げます。コメディー映画のような展開ですが、外国人はそれだけ目立つのでしょう。ターゲットになっていることは明らかでした。

辛くもたどり着いた取材車が停めてあるはずの場所に取材車はなく、誰もいませんでした。イラン人のドライバーも混乱に巻き込まれることを嫌い、逃げていたのです。これも、信じられない事態ですが、ここは中東、なんでも起こることは、それまでの4年強の経験で学んでいました。

治安部隊が走って近づいてきます。どうする⁉　どうする⁉　ママは、瞬間的に必死で考えました。周囲を見渡すと、車が詰まって渋滞しています。そうか、これしかない、そう思ったママは、ドライバーを瞬間的に見定め、乗っている車と見た目から改革派を支持していると思われる若者のドライバーに英語で声をかけました。

「日本のテレビ局です、乗せてください！」

果たして……ドライバーは、すぐにドアを開けてくれたのです。カメラマンとナデルとママ、３人で濃紺のプジョーに飛び乗るのと、治安部隊の男が振った警棒が後方からその車のトランクを叩くのがほぼ同時でした。

「Go! Go! Go!! GO!!!（行け！行け！行け!!行け――――!!!）」

と運転席を後部座席から叩きながら、必死で叫びました。ママのにらんだとおり、その男性は、改革派にシンパシーを感じていたからこそ、外国メディアを助けてくれたのです。

こうしてなんとか、その場を離れることができたのでした。

市内は大渋滞、あちこちでデモ隊と治安部隊が小競り合いを起こし、前日までの平和な選挙運動の雰囲気から一変、緊迫感に満ちています。

30分以上走って宿泊先のホテルにたどり着き、謝礼のお金を支払おうとしたとき、ドライバーの若者は決して受け取ろうとしませんでした。そして、英語でこう言ったのです。

「お金はいりません。その代わりに、どうか、いまこの国で起きていることを日本、そして世界に伝えてください。それは、あなたたちジャーナリストにしかできない仕事です」

ママは、胸が熱くなりました。自分がジャーナリストである、とか偉そうに考えたことはありませんでした。仕事として、あるいは会社の職務として自分のできることを一生懸命にしよう、とは思っていましたが。この青年の言葉は、記者であることの意義と責任、そして究極の醍醐味をあらためて突きつけてくれたのです。

しっかりと交わした熱い握手とともに、決して忘れられない言葉でした。

一方、密着取材した2人の女性に電話すると、いずれも結果に絶望し、涙に暮れていました。そのひとりは、「この国に絶望している。選挙は不正でしかない。選挙で国が変えられないなら、どうしていいかわからない。こんな国で生きていきたくない……」と泣きながら悲痛な声で話しました。

デモはその後も続きましたが、結局徹底的に弾圧され、収束しました。

イランを覆う「閉塞感」はその後も大きくなっていったようです。これを書いているいまも、女性の服装を取り締まる当局に拘束された女性が死亡した事件を受けて、イランではデモや抗議が続いています。

ママが密着取材した女性のひとりは、「母国に絶望した」という言葉のとおり、その後イランを離れ、トルコに移住しました。

もも、世界には、いろいろな問題があり、思うように生きることや、自由に何かを表現できない状況がどこでも起こりうるのです。それは、日本でも、です。そんなとき、現実から目を背けずに、しっかりと向き合える人になってほしいと思います。知ろうとして、できることがあればやってみるのです。それでも、どうしようもないかもしれません。そんなときは、もも自身の幸せを最優先に行動してください。

また、困っている人を助けられる人になってください。デモ隊と治安部隊が衝突する大混乱のテヘランで、ママたちをギリギリのところで車に乗せて救ってくれたイランの青年のように。

親として、ママはそう願っています。

偉大なる文明とすばらしい文化をもつイランに、平和で穏やかな繁栄の日々が一日も早く戻り、あのとき出会った人たちの人生が明るいものになるよう、いまも祈らずにはいられません。

人生の歓びとは、かけがえのない人とシェアすること

２００５年の春に31歳で赴任し、４年と聞いていたはずの任期は5年になり、帰国のとき、ママは36歳になっていました。

特派員にならなかったら絶対に行っていない数々の場所に行き、同じく絶対に出会わなかった人たちを取材し、想像もしていなかったようなすばらしい景色や光景、心を揺さぶられる物語、忘れえぬ体験の数々、そして人生を豊かにする素敵な人たちとの出会いに恵まれました。

30歳を超えてもなお、人は親友をつくることができるんだ、と教えてくれた5年の日々。それは、第二の青春と呼んでいいような特別な人生のチャプターでした。そんな人間関係を築くことができた大きな理由は、カイロの日本人社会のサイズ感とエジプトの事情がうまく相乗効果を生んでいたからです。

当時カイロに住んでいた邦人は700~800人でエジプト全土でも1000人程度といわれていました。まず、数が多すぎず、大使館や日本人会のイベントなどで会う人で在留邦人の多くを把握できるサイズ感です。そのため、知り合いになりやすいメリットがありました。

さらに重要な要素がエジプト特有の事情です。イスラム教徒が9割以上を占める国で、アルコールの販売や飲食店での提供は禁止ではないものの、特別なライセンスが必要で、5つ星のホテルのレストランや高級レストランなどに限られます。必然的に自宅で飲む機会が増えます。

こうしてママも時間があるときには自宅に友人を呼んで料理を振る舞い、中東出張やヨーロッパで仕入れてきた食材やワインなどを一緒に楽しむ会を開くようになりました。小学校時代、神戸ばあばに料理を仕込まれたことに、遠いエジプトで感謝したものです。広い家で、気の置けない友人を招き招かれ、おいしい食事を一緒に楽しむのです。それは、最高の娯楽でした。パートナーがいる人は一緒に、子どもがいる家族は子どもたちも一緒に、という文字どおり家族ぐるみのお付き合いです。

日本からの食材はとくに貴重で、駐在員は賞味期限が切れていても、気にすることなく、匂いを嗅ぐなど自分の嗅覚や味覚を信用して、無駄にしない、という人がほとんどでした。それほど貴重な日本食材。ママは神戸ばあばに頼んで、いつも大量にもってきてもらっていました。神戸ばあばは5年間に何回も、たくさんの食料とともに、はるばるエジプトまで来てくれていたのです。神戸じいじは1回だけでした。

そこで、あるとき、神戸ばあばにおいしい和牛をもってきてもらうことを思いつきました。エジプトの牛肉は、本当においしいものが少なかったのです。神戸といえば神戸牛です。日本にいたころは口にすることもできなかった高級食材ですが、せっかくもってきてもらうなら最高級をお願いしようと思ったのです。

真冬に冷凍させたものを保冷パックに入れて、チェックインラゲージに入れれば、お肉が傷むことなく〝輸入〟できるのではないか、と考え、神戸ばあばに依頼しました。応えてくれたのはまさに、母の愛でした。

結果は大成功。大量の神戸牛の〝輸入〟に成功したのです。ある意味で〝密輸〟、だったかもしれませんが、生肉をもち込んではいけない、というルールはなく、税関のチェックで荷物を開けられても、肉を見た瞬間に、豚肉と思われて「早くあっち行け！」というしぐさをされて終わりだったので、まあ〝輸入〟でいいと思います。イスラム教では豚肉は不浄なもので、見ることさえ嫌悪される対象です。

さて、はじめは神戸牛を使って牛丼を作ったり、ひとりですき焼きを作ったりして楽しみ、恍惚《こうこつ》のおいしさを満喫していました。でもあるとき、ひとりで食べても悪くないけど、みんなで食べたらもっといいのでは、と思ったのです。そこで、テレビ朝日の特派員の大平一郎さんやパートナーの梨良さんら友人たちを招いて、「神戸牛ナイト」と称して、すき焼きパーティーを開くことにしました。

豆腐はロンドンで買ってきた長期保存可能な紙パックに入ったものを使用するなど、手元にある素材を工夫して作る神戸牛のすき焼き。エジプトの卵は生食が危険なので、温泉卵にして、とカイロならではの苦労はありますが、参加メンバーで一斉にお肉を食べた次の瞬間の「おいしいー」という雄たけびを忘れることはできません。人間、おいしいものを食べると幸せになるのです。きっと日本で食べるより、ずっとおいしいすき焼きだったと思います。実際に、ママはカイロで食べた神戸牛すき焼きが、人生でいちばんおいしいすき焼きだったと、いまでも思っています。

赴任から2年以上経過した2007年ごろには、ホームパーティー仲間と呼べる友人がたくさんできて、出張がないカイロにいる週末は毎週のようにどこかでパーティーを楽しむ日々でした。ママが頼んで何回か神戸ばあばが実行した高級和牛の輸入方法は、仲間に広がり、今度は大平家に呼ばれたり、と「グルメ砂漠カイロ助け合いの会」とでも呼ぶべき、善意の輪（?）が大きくなっていきました。毎回、パーティーが終わったときには、空いたワインの瓶の数も増えていきましたが。

そんなふうに、とっておきの神戸牛などの食材を、かけがえのない仲間たちと一緒に楽しむことを繰り返すうちに、ママはふと気づいたのです。

人生の歓び、幸せとは、シェアすることではないかと。

最高の食事をひとりで食べても、もちろんおいしいでしょう。でも、好きな人たちと食べると、ずっとおいしく、楽しいものです。みんなで食べるからもっとおいしい、もっと幸せなのです。

それは、食べることだけでなく、美しい場所で綺麗な風景を見たり、楽しい経験をしたり、あるいは逆に悲しいことがあったり、ほとんどの場合に当てはまると気がつきました。ひとりで何かをするより、喜びや悲しみを大切な人と心からシェア、共有できることは、人生の歓びであり、幸せなのです。

だから人は、好きな人と一緒にいたいと願い、喜びも悲しみもシェアして年月を重ねることで、家族はかけがえのない存在になるのだと思います。

それは、カイロで暮らし、親友と呼べる友だちに恵まれ、制約がたくさんある生活のなかだからこそ、気づけたことだったのかもしれません。

もも、ももがどんな人生を送るのか、わかりません。ただ、ママが気づいた人生の歓びは、きっとわかってもらえる日が来ると信じています。シェアすることは幸せなのです。きみの存在自体、かーちゃんとママは、いろいろなことをシェアできる存在が増えたという意味でも、絶対的に幸せなのです。ももも、人生の歓びや幸せを感じられるようになってください。人生とは、きっと生きるに値するものであるはずだからです。

中東での5年間は、自分を見つめ、人生について考え、忘れかけていた幼い日からの希望を思い出させ、生き方を変えるきっかけをくれました。同時に、世界の見方をより豊かにしてくれただけでなく、かけがえのない友人たちとの時間を通じて、人生の歓びや幸せとは何かということにも気づかせてくれたのでした。

もうひとつ、付け加えると、特派員として中東やヨーロッパを飛び回る日々は、高校生のときに憧れた「夢」だったことにも、あるとき思いが至りました。クウェート、ヨルダン、イスラエル、エジプト、シリア、レバノン……と移動と取材を繰り返していた2006年の夏、朝目覚めると自分がどこにいるのかわからなくなり、一瞬考えることが何度かありました。

そんなとき、気づいたのです。これは、「いつか見た夢」が現実になったのだ、と。世界を飛び回り、各地でタフに交渉などをする「世界で活躍する仕事」がしたい。それはまさに、高校生のときに憧れていたことでした。

大学に入ってから体験したさまざまなことを経て、特派員ではなく、映画を作ることを目標に入社し、報道局に配属されました。そして希望することなく、ママはカイロ支局長になりました。人生という川の流れに身を任せて、ときに抗《あらが》い、キャリアを重ねてきた結果、悠久のナイル川のほとりで人生を変えることになったのです。

第4章

「ママ」がついに、女性として生きていこうと決めた頃のお話

5年ぶりの帰国。むき出しの言葉に「いまに見とけよ！」

ママが日本に帰国して、2年と半年少しの話をします。それは、ママが「女性」として生きようと心に決めて、行動に移した日々でした。

2010年4月、きっちり5年の任期を終えて、ママは日本に帰国しました。36歳で迎える春でした。

久しぶりに目にする日本の桜。電車の車窓から街灯にぼんやり浮かんだ夜桜が目に入ったとき、自分でも驚くほど強い感情が湧いてきました。次の瞬間、気づかないうちに涙が頬を伝っていました。「帰ってきた」という安堵感と喜びに包まれたのかもしれません。長く国を離れ、久しぶりに懐かしい日本の原風景を目にすると、こんなに感傷的になってしまうのかなと思った出来事でした。

帰国して、希望どおり赴任前と同じ外報部に戻ることになりました。中東での経験を生かし、報道局に恩返しがしたい、と考えたのです。気がつけば、報道でのキャリアも、11年になっていました。

入社時に想定していた4〜5年経験を積んで映画事業部へ、というプランとはまったく違う展開です。ただこのときも、1~2年くらい報道で恩返しをして、日本に馴染んでから映画に異動できれば、と気軽に考えていました。われながら、こういうところはのんびりしている性格だと思います（笑）。だから回り道が多い人生なのでしょう。

久しぶりの本社勤務。見える景色は同じようでいて、変化していました。赴任時、まだママは若手、という立場でした。それが帰国すると、ときに中堅として後輩らを導くべきポジショニングであることに気づきました。

実際に、外報部でも後輩が増え、ニュースを統括するデスクを任される日もありました。

変化はそれだけではありませんでした。ママの見た目の変化が周囲の反応を変化させていたのです。程度の差こそあれ、カイロに行く前のママを知っている人たち、とくに先輩たちからは戸惑いを感じる反応が多かった印象です。

ビフォー&アフターを知っているからこそ、自分の知っている「赴任前」の谷生と「帰国後」の谷生の変化には何があったのか気になるようでした。ある意味で当たり前の感情ともいえますが、ときおりママの気持ちを考えない悪口や中傷の言葉をぶつけられました。

裏生地がアニマルプリントのレディースコートを着ていたとき、ちらりと裏地が見えた瞬間、先輩の女性にいきなりこう言われました。

「趣味悪い！　そういうの、カイロで流行ってんの？（全体を見て）あれ、そのコート、レディース？　どうしたの⁉　なんか目覚めちゃったの（笑）？」

こんなふうにはっきりと口にする人には、「はいはい－」とか適当に相づちを打って、その場を速やかに離れるようにしていました。

もっと悪質なコメントを吐かれることもありました。テレビの番組で、何か「気持ちの悪い」映像が映った直後、ある先輩の男性が部内の全員に聞こえるように言った発言です。

「こいつと谷生と、どっちがキモイと思う？」

下劣な笑みを浮かべながらの問いかけに、さすがに周囲が戸惑っていたのは、せめてもの救いでした。こうした悪質なパターンは無視するしかありませんでしたが、やっぱり心が痛みました。

あるいは、純粋な興味をぶしつけにぶつけられることもあり、反応に困りました。

「谷生、けっこう昔と印象違うんだけど、お前これからどこに向かいたいの～？」

といった類いのものです。どこに行くも何も、自分らしく生きているだけです、とも言えず、「いえ別に普通です」とか、適当に返すしかありませんでした。

カイロ支局時代、日本人の友人たちには恵まれ、小さな日本人社会では「受け入れられている」ように感じていました。でも、考えてみれば、カイロで知り合った人びとは、基本的にその時点からしかママを知らないのです。つまり、レディースの洋服を着て、ナチュラルメイクをしている谷生さん、として認識されているので、不快な思いをすることはありませんでした。加えて、他社の人間であるママに対して、仮に見た目に何かを言いたくなったとしても、節度をもったコメントになるのは当然のことでした。

でも、帰国後の日本テレビは、そうではありません。社内、とくに報道局の多くの人が赴任前からママを知っています。遠慮のない発言をしてくるのは、すべて先輩たちでした。立場の上下で言いやすかったのでしょう。

（むき出しの日本だな……）。ママはそう思いました。簡単ではありません。遠慮のない悪意が次々飛んでくるのです。「どっち系なの？」といったレッテル貼りをしようとする人、嘲笑の対象にする人、ママは、やり過ごしながら、（いまに見とけよ）と心に炎《ほむら》をともすことで、前向きさを大切に生きようと思いました。そう、ママはもう大人なのです。

そんななか、昔と変わらずに接してくれる先輩や仲間は、本当にありがたく感じました。

週末は思いっきり女性スタイルに

中東時代も、年に数回休みなどでヨーロッパに行った際は、メイクもファッションも思うとおりに自分を表現できていました。パリやロンドン、ベルリンで「女性装」といえるいでたちで自由を謳歌していたものです。エジプトや中東で自由ではない分、欧州では発散する……そのスタイルを日本に当てはめると、平日と休日で切り替える、という方法があることに気づき、そんなライフスタイルに程なくしてたどり着きました。

なんといっても、ここは日本、そして大都市・東京です。人と少々違う格好をした人を見ても、暴力的行為や心ない言葉をぶつけてくる人はほとんどいません。まして、逮捕される心配などないのです。

こうして、週末はフルメイクにスカート、パンプスで決めて遊びに行く、という生活が少しずつ始まりました。カイロ時代にはネットで見るしかなかったトランスジェンダーの交流イベントに参加したり、新宿二丁目のバーに行ったり、自分と同じ生き方を志向・実践する人たちとのソーシャライジングは楽しく、心が解放される時間でした。

カイロ時代、親友になった大平夫妻の梨良さんに連れられてデビューしたネイルサロンも、東京では周囲に気兼ねすることなく、行き放題です。まれに「男性お断り」という店があって残念な思いをしましたが、基本的にはほとんどの店が「普通に」接客してくれて、フレンチネイルなど好きなデザインを施してくれました。それでも、「男性記者」であることで分別を求められることは意識して、派手な色味やデザインは避け、「自然に見える」ネイルにするよう気をつけていました。ジェルネイルをしている時点で、「自然に」見えるわけがないのですが（笑）、そこは気持ちの問題です。

何より、物事がきちんと機能し、すべてがおいしく、何でも買える日本での生活は、最高に快適で楽しく感じられました。帰国直後には、種類も豊富な豚肉製のハムが大量に並ぶスーパーマーケットで、喜びを表現するため、冗談ではなく、棚にダイブしたいくらいでした。

帰国して1年以上は、季節ごとに旬の食材が次々に登場する日本の食文化の豊かさに、感動する日々が続きました。

そんななか、週末にフルに女性装をして過ごす日が増えるにつれて、平日のファッションバランスも変えていきたくなりました。メイクやネイルも同様で、「ここまでなら大丈夫かな……」と少しずつ少しずつ「どう見ても女性のスタイル」に近づけていきました。少しずつ、でも確実に、男性でいることへの精神的苦痛が大きくなっていたのです。

外報部は基本的に海外からのニュースを「受ける仕事」なので、自ら顔を出すことはあまりありません。ときどき、BSのニュース解説をすることはありましたが、幸いその段階では大きな問題になることがありませんでした。

いま振り返ると、帰国後最初の半年は、忘れていた日本での生活に慣れ、自分をアジャストしつつ、トランスへの道筋を見いだすべく、基盤を固めていた時期でした。このころ、美容脱毛サロンで、両脚の脱毛を始めたり、イスラエルで着手していた顔の永久脱毛を再開したり、女性化のために必要な準備をできる範囲で開始していたのです。

並行して、いわゆる「性同一性障害特例法」のガイドラインに沿う形で、まずは、メンタルクリニックで、「性同一性障害」なのか診断を受けるべく、通院も始めました。

基本的には、自分の生き方なのだから、自分の決断がすべてだろうと思っていました。でも、「むき出しの日本」からの厳しい反応も目の当たりにして、「専門家からの公的な診断」を得ることで、少しでもリスクを減らそうと考えたのです。それはもし、「トランスをしたい」と会社に相談したら、最悪の場合クビになるかもしれない、というリスクでした。

もも、人生の転機は必ず来ます。きっと悩むこともあるでしょう。思うように進まず苦しいことや、人に迷惑をかけるから希望は我慢しなくちゃ、と考えたりすることも。でも、ママの経験から言えることは、自分の心の声に従う選択肢を選んだほうがきっと幸せに近づく、ということです。

すぐに事態が動くとは限らないし、動かせないこともあるでしょう。そんなときは、その時点でできる準備はしっかり始めながら、時機を待つことも重要かもしれません。ママにとってこのときは、まさにそんな時期でした。

「アラブの春」に導かれ、再び中東へ

２０１１年、エジプトから帰国して初めての年末年始、ママは神戸ばあばとじいじのいる実家で、久しぶりの日本のお正月をゆったり楽しんでいました。両親とお正月を過ごすのは、カイロに赴任して初めて迎えた年越しのタイミングで、２人がカイロに来てくれて以来のことでした。中東での日々に思いを馳せながらのんびりしていたママは、翌月から中東で歴史に残る出来事が起きることを予想さえしていませんでした。休暇に入る直前、

チュニジアで、露天商の青年が当局に嫌がらせをされたことに抗議して焼身自殺を図ったことをきっかけに、反政府デモが広がっている、というニュースを目にしていました。

当時チュニジアでは、エジプトと同様に、20年以上続く独裁政権が強権政治を行っていました。だから、反政府デモが多少起きても、すぐに政権による容赦のない弾圧が行われ、沈静化するだろうと考えていました。

ところが、チュニジアのベンアリ政権が崩壊したのは、それからわずか2週間たらずのことでした。

ジャスミン革命と呼ばれたチュニジアでの政変は、瞬く間に周辺のアラブ諸国に伝播《でんぱ》しました。「アラブの春」です。まさに歴史に残る出来事が次々と起きるのを前に、ママは現場に戻って取材をしたくてたまりませんでした。

エジプトでも反体制デモが拡大、古代エジプトの王様「ファラオ」とときに称されるほどの絶対的な権勢を誇ったムバラク政権が倒れたのは、現地の2月11日金曜日、日本では土曜日に日付が変わったときでした。すぐさま、夜のニュース「NEWS ZERO」の村尾信尚《のぶたか》キャスターらと共に、現地に入る準備をすることになりました。混乱する現地取材には、経験者のママが必要、と言われたときは5年の経験を生かすときがついに来た、と感じたものです。

約10か月ぶりに訪れたカイロは、「革命」を成し遂げた、というエジプト人の興奮と熱気に満ちていました。再会した助手のナデルが「谷生さん、エジプトはこれから全部、本当に全部がよくなりますよ！」と満面の笑みで語る様子を見ると、こっちまでうれしくなりました。ただ、新しい国づくりには困難も予想されるなか、誰もが楽天的な見方しかしていないことが少し気になりました。それでも、30年近く続いた独裁政権を民衆のパワーが打ち倒した、という事実には、エジプト人ならずとも心動かされる力があり、エジプトの人びとが熱くなっているのは十分に理解できました。

村尾キャスターの中継や取材アレンジなどが一段落すると、自分の企画取材を1本してから帰国することになりました。ママが見たエジプトの「アラブの春」を企画としてまとめる取材です。「エジプト革命」が成立するまでに、反政府デモに参加した多くの市民が治安部隊などの暴力の犠牲になっていました。その数は365人に上りました。ママは、こうした犠牲者やその家族についての物語を伝えたい、と考えたのです。

エジプト最大の反政府デモの舞台となり、治安当局の弾圧で多くが亡くなったタハリール広場には、遺族が集まり、献花をする姿が見られました。何人かに取材をしましたが、企画として大きく展開できる要素を見つけることができず、どうしたものか悩んでいたところ、ある考えが浮かびました。そのころ、日本でも少しずつ広がりはじめていたSNS、Facebookを活用して、取材対象の発掘ができないか、というものでした。

「エジプト革命」では、SNSの発信によって、参加者がデモの場所を知ったり、起きていることを把握し、拡散したりするなど、成功の背景にSNSが大きな役割を果たしたことがわかっています。

調べてみると、カイロ時代の友人で、映画監督をしているイラク人女性アイーダがカイロに滞在していて、反政府デモを映像に収めるなどの活動をしていることがわかりました。すぐに連絡を取ると、ちょうど翌日に映像業界の関係者たちが、デモの参加中に亡くなったアーティストの追悼式を実施予定であることを教えてくれました。

会場は、ママが住んでいたゲズィーラ島にあるオペラハウスの敷地内でした。アイーダと再会を果たし、デモへの参加中に治安部隊の弾圧で犠牲になったエジプト人現代アーティスト、アハマド・バスユーニさん（享年33）の弟ベサムさん（25）を紹介してくれたのです。こうしてママは、探していたストーリーの主人公となる人を見つけることができました。

ベサムさんの取材で、最も忘れられないのは、「エジプト革命」が成立してからちょうど1週間後の金曜日に行われた追悼集会での言葉です。その日、「革命の聖地」となったタハリール広場には数十万人が集まりました。

金曜礼拝後、1分間の黙とうが捧げられました。静まり返ったタハリール広場。ベサムさんも静かに目を閉じて、亡くなったお兄さんのことを想っているようでした。

黙とうのあと、ママはベサムさんに数十万人が追悼する姿を前に、何が胸に去来したか聞きました。

「兄のことを誇りに思います。同時に、エジプトの人たちに『兄アハマドのことを忘れないでください』と言いたいです」

敬愛する兄を失くした悲しみと、兄が望んだムバラク政権打倒が実現した喜びのはざまで、ベサムさんは心が揺れているようでした。

インタビューの最後に、ママはこう聞きました。

「いま、お兄さんのアハマドさんは、きっと天国からここを見ていると思います。何と伝えたいですか?」

彼は一瞬空を見つめ、はっきりとした口調でこう言ったのです。

「ありがとう……と言いたいです」

それは、兄への思慕の気持ちと誇り、喪失感と感謝、すべてが含まれた重い言葉でした。こう言ったあと、自分を納得させるように、何度もうなずく姿を見て、ママはハワイに暮らす兄のことを思い出しました。でも、反政府デモに参加して兄を失う、そんな経験をしたらどんな気持ちになるのか、想像はできませんでした。


この取材は週末のニュースで特集企画として放送され、区切りの仕事を終えたママは、帰国する予定でした。ところが、ペルシャ湾岸の国バーレーンから大きなニュースが飛び込んできました。大規模な反政府デモが発生、鎮圧しようとした治安部隊が実弾を水平射撃して犠牲者が出る事態となっていました。急遽、ママの後任の富田カイロ支局長と2人で、バーレーンに転戦することになり、再び訪れた中東出張は長期化していったのです。

バーレーンでの取材を終えて、映像素材をネット経由で送っていたとき、東京の本社から連絡が入りました。エジプトの隣国・リビアでも大規模な反政府デモが発生、治安部隊との激しい衝突で死傷者が出ているとのことでした。40年以上続くカダフィ独裁政権が倒れる事態となれば、エジプトのムバラク政権崩壊に勝るとも劣らない大ニュースです。「アラブの春」の嵐はどこまで広がるのか、もはや何が起きても驚かないほど、まさに激動の中東情勢でした。

すぐにエジプトにとんぼ返りして、陸路でリビア入りを目指すことになりました。事態の流動化で、すでにリビアへの航空便は運航されていなかったからです。

カイロから10時間ほど車を走らせ、国境近くの小さな村に着いたのは夜でした。翌日朝からリビアとの国境検問所に行き、リビア入りを図りました。カダフィ政権下のリビアには特派員時代1度だけ行ったことがありました。２００９年9月、リビア革命から40周年のタイミングに記念式典取材という名目で取材ビザが取得できたのです。

今回は、ビザがいつ出るか誰にもわからない状況で、数日間国境に通う日々が続きました。そうこうしている間に、リビアは東部からカダフィ政権の崩壊が始まっていて、市民が独裁政権からの解放を祝う姿がニュースになっていました。

数日後、遅ればせながらママたちもリビア入国に成功し、東部の港湾都市トブルクに日帰りで向かって、衛星電話回線を使った中継や素材伝送をすることができました。

その日は金曜日で、金曜礼拝後、市民が街に繰り出し、車から身を乗り出して、カダフィ政権成立以前の王政時代の国旗を振って喜びを全身で表現している現場を取材することができました。それは、40年以上続いた強権的な政権が民衆のデモによって解放された「革命」ともいえる瞬間でした。人びとが喜びに沸き、通りに繰り出して祝う姿は、ジャーナリストならずとも、心を動かされるシーンです。取材現場で、ママも熱いものが込み上げてきました。

その後、エジプトに戻ってすぐにチュニジアへ飛び、リビアの西側から首都・トリポリ入りを目指しましたが、10日経っても政権が崩壊せず、エジプトに戻ることになりました。こうして、予定を大幅に超えた長い出張がようやく終わりを迎えることになり、カイロに戻って、日本に帰国する前日のことでした。

東日本大震災で決意。後悔なく生きよう

2011年3月11日。朝起きて、カイロの知り合いたちとの待ち合わせに向かおうとしていると、ハワイに住む兄から電話がかかってきました。

「地震と津波、すごいことになってるけど、大丈夫か?」

地震と言われてもピンときません。ママがいるのは日本ではなく、カイロです。

「いや、いまカイロやから、大丈夫やけど……津波があったん?」

と聞くことしかできませんでした。

電話を切ってテレビをつけると、目を疑うような映像が飛び込んできました。巨大な津波が東北の海岸線を襲い、建物や畑など、あらゆるものを飲み込んでいく様子です。言葉を失いました。BBCやCNNが伝えるニュースはしばらくして、日本の地震と津波だけを伝える特別放送に変わっていきました。とんでもない事態です。

時間が経つにつれて、超巨大地震と津波が引き起こした未曾有の災害の全容が明らかになっていきました。ニュースが伝える犠牲者の数は、増えつづけていきます。大津波による壊滅的な被害。実はママには、既視感がありました。

さかのぼること6年前。2004年の年末に起きた、スマトラ島沖大地震によるインド洋大津波で、大きな被害を受けたインドネシアのバンダアチェを2005年1月に取材していたからです。30万人以上が死亡したといわれる大自然災害の最も被害の大きかった地域のひとつがバンダアチェでした。

そこで目にした光景は、想像を絶する厳しさでした。見るものすべての希望さえ打ち砕くような絶望的な破壊が目の届く限り何キロにもわたって、広がっているのです。現場を取材しながら、「こんな景色を目にすることはもう一生ないだろうな」と思っていました。

ところが、このときテレビ画面が伝えていたのは、まさに同じ形の津波災害です。それが慣れ親しんだ日本で起きていることに、ママは信じられない思いでした。

「アラブの春」取材のため再訪した中東で、特派員時代に戻ったような仕事をするなか、カイロにいたころの心境を思い出していました。「後悔のないように生きなければ」……もも、ママが5年の日々を終えてそんな想いを強くしたことは、少し前に話しましたね。

このとき、程なくして東日本大震災と呼ばれる大災害の報道を遠く離れたエジプトで目にしながら、ママは強く思ったのです。日本でも同じなんだな、と。戦争やテロが頻発する中東と比べて日本は安全、そう思い込んでいたけれど、そんなことはないことをニュース画面は伝えていました。自然の力を前に、人間はときに無力であり、命が奪われる大災害に遭遇するリスクは、中東でも日本でも誰にも等しくあるのです。

一方で、福島第一原発の事故がニュースの中心になり、水素爆発の映像を目にしたとき、日本は終わったか……という、感じたことのない恐ろしく、悲しい気持ちに包まれました。被害がどこまで広がるのか、東日本がどうなるのか、まったくわからない戦慄《せんりつ》の事態です。

それでも、ママの胸には、強い想いが心の底から湧き上がっていました。

「日本に帰りたい……」

とにかく、一刻も早く日本に帰らなければ。ただそれだけを考えていました。

何ができるか、少なくとも、自分の仕事はできるはずです。日本人として、とんでもない事態が起きている母国を離れて、エジプトにいるという状態が、ひどく奇妙で、落ち着かなかったのです。

振り返れば、東日本大震災のニュースをカイロのマリオットホテルで目にしながら、ママは、決意していました。後悔のないように生きなければ、と。それは、女性へのトランスを現実的に実行しようと思った瞬間だったのでした。

女性への「トランスの壁」を壊したい

1か月に及んだ「アラブの春」取材での中東出張から戻った日本は、それまでとまったく違う雰囲気に包まれていました。福島第一原発事故は収拾できる気配がなく、原発周辺の住民は避難を要請され、アメリカ大使館などが、自国民に東京を含む東日本からの退避を呼びかけるなど、異常に緊迫した空気のなか、誰もが不安を感じているようでした。

帰国した数日後、ももよく知っているドイツ在住の親友ルンツェ清から連絡がありました。週末、原発事故の影響で大量の放射線が東京を含む関東に及ぶ見通し、とドイツで報じられているので、東京から避難したほうがいいのでは、と言うのです。東北や関東在住のドイツ人にも国外退避か関西以西への避難を呼びかけている、とも。心配してくれる親友からのアドバイスはありがたかったし、仕事がなければあるいは神戸の実家に行くなど考えたかもしれません。でも、ママには、報道局記者としての仕事がありました。結局、そのころ急遽担当していた原子力安全・保安院の会見取材に向かったのでした。

ただもし、そのときももがいたら、ママの対応はまったく違うものになっていたかもしれません。少なくとも、ももだけでも避難するよう全力で手配したでしょう。

不穏な空気感が漂う東京で、ママは原発事故関連の記者会見に出席する日々を送っていました。カイロでトランスへの決意を固めたママでしたが、原発事故の会見取材に、「悪目立ち」するような女性装で参加するわけにはいきません。ブラウスやジャケットだけレディース、ネイルは控えめにして、ベースと眉とアイラインだけのナチュラルメイク、そんなスタイルで仕事をしていました。

チュニジアで迎えた3月は、11日をきっかけに戦慄の日々へと変わり、重苦しい事故報道が続くなか、春が終わり、季節は初夏を迎えていました。ようやく震災報道取材チームが縮小していき、ママも所属する外報部に戻りました。また外国から届くニュースを受ける日常が戻ったころ、ママは、今後の人生についてさらに考えていました。

カイロ支局長を務めた海外畑の経験をもつ記者は、帰国した数年後にロンドン支局長やニューヨーク支局長に任命される、というケースが過去の例では一般的でした。もちろん、そのキャリアについても想像をしてみました。大好きなロンドンに暮らし、ときどき大きなネタがあれば中東にも出張する、ロンドン支局長としての生活は、きっと楽しいはずです。でも、その赴任希望を出そうとは思いませんでした。

ロンドンに支局長として赴任したとして、どんなところに暮らし、どういう取材をするのか、ほぼ完全に想像できました。カイロ時代に何度も行って見ていたからです。海外で暮らす、ということを目的にするなら有力な選択肢でしょう。ところがママは、新しいことに挑戦したいという思いが強くなっていました。そしてそれは、記者というテレビカメラの前に立ち、何百万、何千万人の人に向けて「顔出し」をする必要がある仕事ではきっと永久にかなわないと思われた、「女性」へのトランスの壁を壊したい、という切実な欲求でもあったのです。

そんななか、トランスに向けた実践の一環として、カロリーコントロールによるダイエットを始めました。大好きな甘いものを基本的に封印し、食事も1日の総摂取カロリーを1000~1500キロカロリー未満に抑えた生活にしたのです。

効果はすぐに表れ、体重は面白いように落ちていきました。身長が171センチ、男性としては平均ですが、女性としてはかなり高いほうに入るので、体重があると「いかつく」見えて、女性として見られない（「パス」できない）と思ったママは、大げさではなく人生をかけたダイエットをしなければ、という決意でした。洋服も痩せれば通常のレディースサイズが着られるようになり、さらに楽しくなる、という好循環が生まれていました。

女性の敵、本当に悪い男をハワイでスクープ！

外報部で悶々としながら将来について考えると、これ以上報道局にいても、新しい展開は生まれないのではと感じていました。帰国して1年以上が経過し、一連の「アラブの春」取材で外報部や報道局全体にも恩返しができたと感じていました。いよいよ入社以来の希望である映画事業部への異動を真剣に希望した夏ごろ、アメリカからあるニュースがもたらされました。

２００７年にカリフォルニア州の砂漠で見つかった身元不明遺体を解析した結果、日本人女性だったことがわかり、夫のアメリカ人男性が殺害した疑いがあるとみて当局が詰めの捜査をしている、というものです。アメリカのニュースによると、夫は、２００８年にハワイに移住し、万引きなどをして有罪となり収監されたあと、釈放されて保護観察処分中でした。殺人罪での逮捕はされていませんでしたが、アメリカメディアが実名で報じたことで、日本メディアも追いかけての報道を始めていました。

ハワイでの居住地が日本人にもポピュラーなオアフ島であることだけはわかっていましたが、それ以外の住所は一切わからず、日本のメディアが夫のアンソニー・シモノー氏（通称トニー）に直撃取材しようと行方を追っていました。各社がハワイにアメリカ駐在の記者らを派遣して取材をするも成果は得られず、それまでのところ、本人への取材に成功した社はひとつもない状況でした。

そんななか、社会部警視庁で事件記者を2年務めたママの経験に目をつけた外報部のデスク（ニュースを統括する役職）から声がかかりました。殺人を犯したかもしれない人物を捜し出し直撃取材する、という難しいミッションです。確かに、事件記者としての取材経験、それに海外での取材経験を生かすことが必須なネタであることは明らかでした。

こうして、2011年9月、ママはリゾート客で賑わうハワイに、ハードな事件取材で出張したのでした。忘れられない取材になったので、ももにも話したいと思います。

まずは出発前、入念な準備をしました。調べてみると、トニー氏は、何人もの日本人女性に対して、金の無心や結婚詐欺まがいの行為を繰り返していたことがわかりました。ハワイでの目撃情報などを集めたほか、本人の写真をアメリカ当局が伝えたものとネットにあった写真を含めて何枚も印刷し、聞き込み取材で使えるようにしました。

到着後は、出入りしたといわれる場所や日本人コミュニティーに話を聞いたりして、精力的に取材しました。このとき、ハワイ在住のママの兄にも協力してもらいました。

窃盗事件で逮捕されたときの担当弁護士にも会いに行きましたが、取材には応じてもらえませんでした。ただ、それも承知で会ったことが、のちに思いがけない成果をもたらしてくれました。

聞き込み取材、いわゆる「地取り取材」を続け、観光客で賑わう施設や現地在住邦人らが利用するレストランやバーなどできる限り回りつづけましたが、釈放されて保護観察下の本人と接触した人はなかなか見つかりませんでした。

足取りを映像化する取材だけで終わってしまうことも覚悟しはじめたころ、最近本人に話しかけられた、と話す邦人女性がいる、との連絡が入りました。すぐに会いに行き、トニー氏の写真を見せると間違いない、と言います。ホノルルの中心で1週間ほど前、本人に話しかけられたということでした。やった、とママは思いました。ついに、足がつかめたのです。インタビューを撮ったあと、見かけた場所を詳しく聞き、すぐさま徹底的に取材しました。その結果、トニー氏が現在住んでいると思われる通りの名前を割り出すことに成功し、一気に取材が動き出しました。

その通りを何度も行ったり来たりして、本人が住んでいると思われるコンドミニアム（日本でいうマンション）に目星をつけました。

さっそく、翌朝4時半ころから張り込み取材です。まさかハワイで取材車に乗って遠くからマンションの出入りを見つづける地道な張り込みをすることになるとは、思ってもいませんでした。もも、記者の仕事は本当に地味なものです。

トニー氏が日本人女性を殺害した可能性のある人物であること、身長が185センチ以上で体重は100キロ以上の巨漢であること、何より、銃社会であるアメリカでの取材であることを考慮に入れて、本人への接触は慎重を期して行う態勢を整えました。撮影は、基本的に取材車から遠目で行うこと、記者であるママが本人確認後、日本テレビの取材であることを伝えたうえで直撃インタビューを行う、というものです。

正直、アメリカで殺人犯かもしれない大男に直撃取材をする、ということに、警視庁記者時代や中東特派員時代に、いろいろな現場を経験してきたママも武者震いがしたものです。逆上して攻撃をされるかもしれません。リスクもある取材でしたが、ママにはひとつの強い思いがありました。

それは、トニー氏が行ってきた多くの日本人女性たちへのひどい行為の数々が許せなかったのです。そして何より、結婚相手の日本人女性を殺害していたとしたら、本人が何を言うのか、質《ただ》したかったのです。それにもうひとつ、結婚相手の女性の名前は、神戸ばあばと同じ名前だったことも、ひとごととは思えない偶然でした。

張り込みを続けて10時間近くが経ったころ、ひとりの男がマンション2階の踊り場に姿を見せました。野球帽を深くかぶり、周囲を警戒するようにきょろきょろしています。誰かを待っているようです。落ち着かない様子に（もしかしたら……）と感じ、カメラマンに「これ、似てるよね？」と話しかけました。「似てますね」とカメラマン。男は、誰かが来るまでは目立たないように2階の踊り場で待っている感じで、自分から動きそうにはありません。その一部始終を撮影します。しばらくして、男が1階に降りてくる様子を見せたので、すかさずママは、車を出て接近しました。まずは、本人かどうかを確認する必要があります。

すると……近くから本人を呼ぶ女性の声がしました。

「アンソニー！　アンソニー」

ふと見ると、数日前に挨拶だけで取材対応はしてもらえなかった弁護士の女性でした。彼女の脇にはもうひとり男性がいて、同じ弁護士事務所の関係者と思われました。なんという幸運でしょう。おそらく、保護観察中に必要な面会か何かで、本人とアポイントがあって、迎えに来たところだったのです。

トニー氏と思われた巨漢の男は、呼びかけに応じ、弁護士の女性らと少し離れた車へ向かっています。間違いなく、捜し求めていたアンソニー・シモノー氏です。ママは高鳴る鼓動を抑えつつ、いよいよ直撃取材を敢行しました。

「すみません……日本テレビの記者です。少しお話を伺いたいのですが」

日本語が堪能ということだったので、まずは日本語で話しかけました。立ち止まったトニー氏は、突然の声がけに驚いた様子で、戸惑った表情を見せました。

「捜査が行われている最中なので、何も話すことはありません」

英語で返ってきたことを受けて、日本語を話す気がないと判断、今度は英語で呼びかけました。できるだけ本人からコメントを聞き出すことが重要です。

「奥様の死はショックだったでしょうね……」

これにはすぐに反応が返ってきました。

「とてもショックでした……」

すかさず、いちばん聞きたいことをぶつけます。

「奥様を殺害したんですか?」

「No(いいえ)、殺していません……」

明確に否定しました。これ以上話してはまずいと思ったのか、すぐに次のコメントが飛んできました。

「先ほど言ったように、いまは捜査が行われている最中ですので、何も話すことができません。私たちのプライバシーを尊重してください」

彼は、のちにアメリカ当局に殺人の容疑で逮捕され、その後の司法取引に応じ、日本人女性の妻殺害を認めました。そんな罪を犯しながら、「プライバシーを尊重してほしい」とはよく言えたものでした。

ただ、弁護士の女性らが取材を遮るようにトニー氏を導き、慌てて別の方向へ移動を始めました。取材継続は難しい状況になり、それ以上の深追いは無用、と判断しました。

本人確認にも成功したうえ、殺害についてのコメントも撮ることができたのです。取材は大成功、ハワイにいること以外はほぼ情報がないなか、本人へ直撃取材する、という不可能と思われたミッションに成功した瞬間でした。一行が去ったあと、思わず、路上でガッツポーズを何度もとりながら雄たけびを上げました。まさに会心の取材でした。

もも、ママが報道記者時代にスクープ取材に成功した、ということを自慢したいからこれを話しているわけではありません。もちろん、そんな気持ちも少しはありますが……(笑)。いま、この一連の取材を振り返って、ももに伝えたいことがあるのです。

これは、最低の男が何人もの日本人女性をだまして金品を手に入れる行為を繰り返したあげく、結婚相手の日本人女性を殺害して遺産を手にし、その後も同様の詐欺的行為を繰り返していた、という話です。取材のなかで、本当に多くの日本人女性が被害に遭っていたことがわかりました。

世の中には、本当に唾棄すべき男が存在するのです。残念ながら。

また、女性は男性よりも性犯罪被害に遭う確率が高いという現実もあります。だからママは、やっぱりもものことが心配になるのです。これは、ママの「パパ」としての想いが強く出ているかもしれません。

もも、悪い男には気をつけてください。本当に。どうか、人を見る目を養ってください。それでも、気をつけていても、わからないことがあるかもしれません。だまされることもあるかもしれません。それは仕方のないことです。

ももだって、これから大人になって付き合う人を傷つけたり、傷つけられたりすることもあるでしょう。ママも、これまでの人生で、付き合いのあった人たちを傷つけてしまったこともあります。ただ、どうか、もも自身がフィジカルに傷つけられるような事件に巻き込まれませんように。親としては、子の安全を常に祈っているのです。

だから、もものパートナー選びについては、ももの気持ちを最優先するつもりですが、安全上、「この人はあまりにもまずい」と思ってしまったら、そのことははっきり伝えるつもりです。うっとうしいかもしれませんが、親とはそういうものなのです。すべては、ももの安全を願っての行動と思って、どうか我慢してくださいね。

ハワイでの取材成果は、日本テレビのニュースで大きく報道されました。報道的なスクープ合戦で勝利できたことは、もちろんうれしく思いました。でも、もっとうれしかったのは、ニュースとして大きく報道されたことで、最低な男の毒牙にかかり傷つけられる女性がひとりでも減ることに貢献できた、と思えたことでした。再発防止、それこそが報道の大切な意義のひとつだからです。その意味でもこの事件取材からは、大きな充実感を得ることができました。

いま思えば、報道記者としてキャリアの先行きと新たな展開を考えるなか、この取材をひとつのマイルストーンとして、記者生活に終止符を打ってもいいのかな、と心のどこかで感じていたのかもしれません。

「性同一性障害」の診断が出た

ハワイからの帰国直後、ママはひとりで遅い夏休みに入り、ニュージーランドに行きました。目的は3つありました。ラグビーワールドカップ2011の観戦、ママにとって、エンターテインメント部門で人生のナンバーワン映画である『ロード・オブ・ザ・リング』シリーズのロケ地巡り、それに、ワイナリー巡りでした。

勝利を期待した日本対カナダ戦は引き分けに終わりましたが、国全体がワールドカップの祝祭ムードに包まれている様子はとても印象的で、ラグビーワールドカップを必ずまた現地観戦しようと心に決めました。日本代表のカナダ戦が行われたネイピアは白ワインの産地としても有名で、ちょうどワイナリー巡りも実現し、ラグビーの各国サポーターたちとの交流も楽しむことができました。

さらに首都ウェリントンと南島のクイーンズタウンでは、『ロード・オブ・ザ・リング』

シリーズのロケ地や製作を担当したウェタスタジオなどを回るツアーに参加し、ファンとして大満足の時間となりました。

人口密度が極めて低いニュージーランドでの休暇は、癒やしと心のリフレッシュになっただけでなく、国全体に漂うクリーンで清涼な空気感が気に入って、また休暇で来ようと思ったのでした。エジプトでの5年、「アラブの春」での中東出張と東日本大震災で受けた精神的な衝撃、こうしたものから心を解放し、自分自身をもう一度見つめる機会を与えてくれた休暇になりました。

休暇が終わりしばらくして迎えた２０１２年。今後の人生についてさらにママは考えていました。報道にいたら新しい展開は生まれないと感じていましたが、報道局外に異動できるかはまったくわかりません。そもそも、来たる6月の異動で外報部を出るのかさえも、定かではないのです。入社以来、配属や異動の希望がかなったことがほぼないママは、自己決定ができない会社でのキャリア形成を組織の「大きな意思」に委ねるほかありませんでした。

ちょうどこのころ、通っていたメンタルクリニックでの診断が出ました。「性同一性障害」

である、という診断書です。とくに感慨はありませんでした。

トランスをしたいという気持ちが障害、つまり極端にいえば「病気」であり、望む性別で生きるためのホルモン療法や外科的処置を受けることを認め、それらを経たのちに、戸籍変更を認める、というのが関連法律の定めるところです。ただし現在、ＷＨＯ（世界保健機関）は、トランスジェンダーは障害や病気でないとして、精神障害の分類から外しています。「性同一性障害：Gender identity disorder」という名称ではなく、「性別不合：Gender incongruence」と位置づけています。

ママは、「公式なガイドライン」に沿った「診断」を得ることは、会社をクビになるリスクを減らし、対外的な説明にも役には立つかと思って、クリニックに通っていました。ただ、自分の人生をどう生きるかは自分で決めるしかないので、「専門家」の意見はあまり意味がない、とも考えていました。だから、診断が出てもとくに感慨はなかったのです。それでも診断により、病院で「公式に」女性ホルモンの処方を受けられるようになりました。

仕事を淡々と続けながら、休みには、友人らとパーティー、ゴルフやテニスをしたり、そんな静かな日々がしばらく続いていました。それは、大きな嵐が来る前の束の間の静けさにも似ていました。

異動が発表されたのは5月半ばの月曜日のことでした。月曜が公休日だったママは、テニススクールで汗を流していました。異動を告げる電話に気づかず、あとから折り返すと、「異動です。編成局編成部」と告げられました。編成部といえば、テレビ局の番組をどの時間に置くか、どんな番組を編成して放送するか、を決める部署です。報道記者しかしてこなかったママには未知の世界です。まあ、なるようになるか、と思っていました。

1週間後の週末、国内では25年ぶりだという金環日食を見に、信州は霧ケ峰まで外報部の仲間たちと小旅行をしました。晴天に恵まれ、澄み切った霧ケ峰の山頂から見た金環日食は、その名のとおり、黄金のリングのようでした。自然がつくり出す混じりけのない美しいアートは、滅多に見られない珍しさではなく、純粋な美として心を打ちました。

吉兆だったのでしょうか、信州からの帰り、高速道路で大渋滞に巻き込まれていたときに、編成部の幹部から突然電話が鳴りました。編成部の映画班の啓子《ひろこ》さんからでした。ママが日本テレビの入社試験や入社後の研修の際に人事部でお世話になった先輩です。

「お久しぶり〜。編成部に異動ですね。お待ちしてます〜」

記憶のとおり、柔らかな物腰と優しい口調に、入社試験や研修の日々がよみがえりました。12年も前のことです。

啓子さんは、編成部のなかにある映画班で「金曜ロードショー」と「映画天国」という映画番組のチーフプロデューサーをしていました。（そうか、編成部に「金曜ロードショー」があったか）と研修時の記憶を思い出したものの、映画班の担当になる、とは啓子さんの口から告げられなかったこともあり、この電話を受けても、異動後は、編成部で圧倒的多数を占める戦略班：トラフィック担当といわれる社内の調整役をするのかな、と思っていました。

異動が決まったことで、ママは、出勤の際のメイクを少しだけ濃くしたり、ネイルのデザインを「言い訳のつかないくらい」レディース感満載にしたりするなど、タガを外しはじめていました。残る報道局での日々は2週間。大きな事件事故がない限り、「顔出し」を伴う取材やテレビ出演はなさそうでした。結果的には少し、タガを外すのが早かったのかもしれません。

報道フロアが凍りついた

異動のわずか数日前、朝出勤するとデスクに呼ばれ、その日のBS／CSニュースチャンネルの夜ニュースで、ニュース解説担当として出演してほしい、と振られました。その日のママのファッションは、サーモンピンクのサマーニットにストールを巻いたスタイルでした。およそ「男性記者らしくない」服装でしたが、内容的にもまとめるのが難しく、ママしかいないので頼む、と指名されました。

「ギリシャ再選挙とユーロ圏経済の行方」……それがテーマでした。記者としての顔出し、いや、テレビに出るのはこれが最後になるんだろうな、と思いつつ、その日の夜までデスクと協力し詳細を詰め、オンエアで納得のいく解説をすることができました。終了後、番組のプロデューサーとデスクからも高評価をもらい、安心して席に戻ったとき、番組をライブで見ていた報道局の幹部から呼ばれました。

「お前さー、そんなんでテレビ出ていいと思ってんの？」

「え……」思わず声を失いました。同じようないでたちでの出演はそれまでもありましたし、とくに注意をされることもなかったからです。なぜ、いまこのタイミングで急に言われるのだろう、と戸惑いました。

「お前の格好が気になって、まったくニュースの内容が入ってこないんだよ！」

何も言えませんでした。返す言葉が本当に見つからなかったのです。見かねて、横からデスクが助け舟を出してくれます。

「内容的にはしっかり詰められていて、よかったと思いますし……」

「だから内容じゃないんだよ！　内容が入ってこないんだから、意味ないだろ！　テレビってそういうものでしょ」

こう言い放つと、さらに決定的な一言が追加されました。

「ループ止めろ」

ニュース専門チャンネルでは、ニュース項目に更新があるまで、一度伝えたニュースを何回か放送＝ループさせるのが常識です。それを止めろ、と言うのです。とはいっても、20分近い長尺のコーナーなので、それをいきなり埋めるのは、大変な作業です。話を聞いた番組のプロデューサーが飛んできて、内容的にすばらしかったこと、コーナーをループせずにいまから項目を埋めるのは難しいことなど、必死で説明しましたが、幹部は聞く耳を一切もちません。「止めろ！」の一点張りです。

やりとりを聞きながら、自分が当事者のはずのママは、心が凍りつくような冷たい怒りを感じつつ、何かひとごとのように気持ちが冷めていくのを感じていました。「なぜ、いまさらこんなことを言われるのだ」と。最後の顔出しだと思って一生懸命に準備して、しっかりとオンエアでも解説できたはずでした。そして、内容面での評価があるにもかかわらず、どうしてこんな理不尽な仕打ちを受けるのか、と。

しばらく放心状態になったあと、帰り支度をしながらはっきりとこう思いました。（もう、報道はいいや。もう二度とニュースに出なくていい。むしろ出たくない）

12年キャリアを重ね、日本のみならず世界のいろいろな場所での思い出深い取材と貴重な現場経験を積んだ報道での記者の仕事。その現場を離れることに寂しさもありました。でも、「もう限界だな」とあらためて言われた気がして、清々した気持ちにもなりました。

いまから考えれば、その幹部の指摘は至極「真っ当」だったのかもしれません。ニュースは信頼性が重要なのは当然で、伝える人も、視聴者に信頼感を与える「きちんとした」身なりをするのが社会の常識、ともいえるからです。ただ、そのことを認識しつつも、内容や伝え方において、ママは「ちゃんとした」レベルで遂行し、ニュース解説の役割を果たしてきたという自負があったのです。ハワイ出張でも、中性的なブラウスにイラン取材でも着ていたイヴ・サンローランのサファリジャケット、というきちんとした服装でリポートして結果を出しました。そうした積み重ねが粉々に打ち砕かれたと思いました。ももも、世の中、人は見た目で人を判断するものです。それは、内面も人の見た目ににじみ出てくることが多いことからも、それなりに妥当性があるのです。また、機会によってふさわしいとされる服装や立ち振る舞いがあるのも事実です。公共性が高いものであればあるほど、社会的な常識や規範に沿った見た目が求められるのです。ただ、常識や規範とは、時代とともに変化し、変わりゆくものであることも一方でまた事実なのです。かつて女性が担当することなど「非常識」で社会規範から逸脱するもの、とされた仕事にいままでは当たり前のように数多くの女性が就き活躍していたり、昔、入ることさえ許されなかった「秘境」や「聖地」にいまでは観光客が訪れたりするのと同じです。

だから、ももも、常識や規範はしっかりと認識する必要はあると思いますが、それらに縛られないでください。自分で考え、ときに「当たり前」から逸脱することを恐れない人であってください。必要なら世の中の「固定観念」や一方的な「決めつけ」と闘ってほしいとママは願っています。世界を優しい方向に変えてきたのは、きっとそんな人たちの「常識や規範」から逸脱した小さな一歩の積み重ねだからです。ママも、そんなひとりでありたいといつも闘っているつもりです。

2012年5月31日。報道局員として最後の日。これで完全にニュースから縁が切れるのだろう、と思いながら、報道局全体に向けての挨拶では、育ててくれた報道局の仲間に感謝の気持ちを伝えました。この12年で学んだ経験を生かしていけば、新天地でもきっとやっていけるはずなので、不安はありません。そんな言葉を残して、編成局編成部へ異動しました。

「金曜ロードショー」のプロデューサーに

編成部での担当は映画班でした。啓子さんのもと、「金曜ロードショー」と「映画天国」、2番組のプロデューサー業務にあたることになりました。希望していた映画事業部ではなかったものの、長年続く伝統ある番組で映画に携わる仕事です。大きな視点で見れば、希望どおりともいえる異動に、いろいろな人たちが自分を見てくれていて、偶然と必然の導きで実現した新しいキャリアなんだ、とうれしい気持ちに包まれてのスタートでした。

何より大きなことだと感じたのは、子どものころ、神戸の片隅で「早く寝なさい」と神戸ばあばに怒られたりしながら、食い入るように見つめた映画番組のプロデューサーになったという巡り合わせでした。

ただし時は、地上波の映画番組に大きな逆風が吹き、他局がゴールデン・プライム帯の映画番組の看板を下ろしたり、看板替えをしたりしていたころです。レンタルに加えて配信サービスが伸長し、映画を観る手段が多様化していることが大きな要因と思われました。老舗の「金曜ロードショー」も視聴率が下落傾向にあり、立て直しが急務でした。

うまくやらないと、自分が「金曜ロードショー」の最後のプロデューサーになってしまう、冗談ではなくそんな状況です。子どものころ大好きだった番組に自ら幕を下ろす役割を担うなんて、絶対にしたくない仕事でした。危機感をもって知恵を絞り、新しい試みを提案していきました。「アラブの春」でも感じたSNSのパワーを番組に導入すべく、TwitterとFacebookの番組アカウントを立ち上げて、積極的な運用をすぐに開始しました。

ホームページでの特別企画やデータ放送なども駆使して、映画の放送とデジタル展開を融合させて、「金曜ロードショー」をリアルタイムで観る楽しさを最大化すべく、デジタル担当部署と連携して前例のない施策をいくつも展開していったのです。その効果もあったのか、視聴率は2013年、2014年と右肩上がりとなり、下落傾向からV字回復させることができました。

啓子さんは常に丁寧に仕事を教えてくれるだけでなく、報道の経験しかないママを信頼してくれて、さまざまなチャンスをどんどん与えてくれました。一緒に映画番組の仕事をするのが本当に楽しく、週末が終わって迎えた月曜日の朝、仕事に行きたくないな、とまったく感じないほどでした。それだけ仕事が楽しかったのです。

「顔出し」をしてテレビに出演する業務がない、ということも大きな安心感でした。それに加えて、啓子さんをはじめとした編成部の仲間たちからも「ターニャ」という愛称で呼ばれるようになり、(みんなに受け入れられている)という感覚をもつことができました。のびのびと自分らしさを出して働けている実感があり、ファッションも報道時代には控えていた女性らしいデザインのものを楽しんだり、派手なネイルの解禁もしました。

ただ、「女性として生きたい」ということをカミングアウトするにはしばらく時間がかかりました。異動して数か月が経ち、チームに必要なひとりとして機能しはじめていると感じてはいました。仮に気持ちを伝えても、それを理由にクビにされることはないだろう、とも。それでも、カミングアウトがもたらす結果が自分にとってよいものになるのか、確信がもてなかったのです。きっと少しだけの勇気ときっかけが足りなかったのでしょう。

マチュ・ピチュ遺跡が教えてくれた「人生なんだってできる」

異動から4か月が経過したころ、夏休みをとることにしました。会社に入って初めて、報道局員として迎えるのではない長期休暇。環境の大きな変化が思いきったアイデアの実行を後押ししてくれました。「いつか行こう」と心に決めていたペルーのマチュ・ピチュ遺跡への旅をすることに決めたのです。

ママは、神戸ばあばと2人で行くことにしました。神戸ばあばも同じように「マチュ・ピチュにいつか行きたい」と言っていて、ママは「いつか連れていくね」と約束していたのです。このとき、「いつか、はいまなんだ」と思ったのです。

ロサンゼルス経由でペルーの首都リマまで約24時間ほどかかります。行って帰ってくるだけの旅でもちょっとした冒険のようです。日本で手配した飛行機やホテルは問題なく、順調に旅は進みましたが、現地クスコで予約したマチュ・ピチュへの陸路が大変でした。まず、朝ホテルに来るはずの迎えが来ないのです。その結果、乗るはずだったマチュ・ピチュへの専用電車に乗り遅れました。神戸ばあばはとても心配していましたが、ママは中東での特派員時代、こうしたトラブルには数多く遭遇して慣れっこでした。カイロ支局に戻ったような懐かしい感覚を思い出しながら、現地の代理店と英語で交渉し、なんとか解決できました。

苦労してたどり着いたマチュ・ピチュ遺跡。まずは着いた日の夕方に訪問し、翌日は午前と午後たっぷり丸1日、最終日は早朝から遺跡で見るご来光と登山、と個人旅行ならではの贅沢な時間の使い方で、世界遺産を味わい尽くすことにしました。遺跡のすばらしさに神戸ばあばが本当に喜び、何度も「連れてきてくれてありがとう」と言ってくれて、ママは、一緒に来てよかったなと思いました。

最終日の明け方近くの時間、遺跡の入り口にある唯一のホテルで寝ていると、ものすごい雨の音で目を覚ましました。あまりに音がすごくて、神戸ばあばも起きたようでした。「ご来光は絶望的かな……」と暗い気持ちになりましたが、まだ少し時間があったのであまり考えず、再び眠りに落ちました。

遺跡のゲートが開くのが朝の6時。5時過ぎに準備のため起きだしたときには、まだ雨が降っていました。ところがホテルの前に人が集まりだした6時前、ぴたりと雨が止んだのです。ママと神戸ばあばは、奇跡的にも思える天気の回復に驚きつつ、喜び勇んで遺跡内に入りました。その日ママは、遺跡の背後にそびえるワイナピチュ山に登る予定だったので、登山口を目指して遺跡をずんずん進んでいきました。雨が降った直後なので、霧が混じったような白い朝靄《あさもや》が遺跡を覆っていました。

歩くにつれて、霧が晴れていき、遺跡が少しずつ遠くまで見えるようになっていきます。それはそれまでの2日の訪問では見られなかったマチュ・ピチュの表情でした。

（綺麗だな……）心を動かされながらも、先を急ぎます。15分から20分ほど歩いて、ちょうどインティワタナという石でできた日時計のあたりに差しかかったころ、東から太陽が昇りはじめました。夏至と冬至の日に石の隅を指して方角を示し、暦を知らせる、というパワースポットです。マチュ・ピチュは常に世界中の観光客であふれる人気の観光地ですが、朝いちばんだったせいか、この瞬間幸運なことに、周囲に人はほとんどいませんでした。あたりは静寂に包まれています。それは、何かに導かれて実現した奇跡のような、特別で贅沢な時間でした。まるで異世界に来たかのようです。

真新しい太陽が山の稜線から顔をのぞかせると、一気に明るくなり、一面に立ち込めていた霧が晴れていきました。光を受けた石の遺跡は、１秒ごとに色を変えていきます。光の粒子が遺跡をやわらかに包み込み、明るく放射線状に照らしていく神秘的な光景でした。

ふと気づけば、涙が流れていました。言葉にしがたい感情に包まれて、ただただ感動したのです。憧れていたマチュ・ピチュ遺跡にいま、自分は立っているんだ、と。涙はそのことを全身で体感できたから流れたのかもしれません。

マチュ・ピチュとの出会いは、中学校の社会の資料集でした。表紙の写真に使われていた見たこともない不思議な空中都市の遺跡に、わくわくしました。どこにあるか調べて日本の裏側に近いほど遠い国・ペルーだとわかると、「いつか行こう」と心に決めていました。いま、その場所に立っているのです。（ほんとうに遠くへ来たんだな……）。日の出とともに霧の中から遺跡の全容が光を浴びて立ち現れて、ママの夢の実現を祝福してくれているようでした。

エジプトをはじめ、中東やヨーロッパの遺跡を中心に、数多くの遺跡や史跡を見てきたママですが、この日、この瞬間のマチュ・ピチュでの感動の大きさは、まさに最高レベルでした。（来られてよかった――）心からそう思うと同時に、その事実に感謝しました。

その後、急ぎ足で登ったワイナピチュ山から眺めたマチュ・ピチュの全景も忘れがたいのですが、日の出をインティワタナ付近で体感した瞬間の感動は、何物にも代えがたいものとなりました。「人生、なんだってできるんだ」そんな自信を与えてくれたのです。

神戸の片隅で、海外に憧れるしかなかった自分が、大人になって何年も経ってから自らの力でこんなに遠い素敵な場所にたどり着き、奇跡のような瞬間を味わうことができたのですから。

女性として生きていこう！

ペルーから帰国して1か月ほど経ったころ、啓子さんに時間をもらって、気持ちをカミングアウトしました。いま思うと、マチュ・ピチュ体験は、大きな勇気をくれるきっかけになったのかもしれません。

啓子さんの反応は想像以上に温かく、背中を優しく押してくれるものでした。ママが話し終わるのを待って、啓子さんは「話してくれてありがとう」と言ったうえで、こう言葉を続けました。

「谷生ちゃんは中性的というか、フェミニンな男性、といういまのスタイルが完成形かと思っていたんだよね。でも、そうじゃないんだね。女子なんじゃない！　だったらもっとそうアピールしていいと思う。加速したほうがいいわよ！」

なるほど、と思いました。少しくらいメイクをしようがレディースの洋服を着ようが、しょせんは男性なのです。フェミニンなスタイルの男性、それはまさしくそのころのママを表現していました。どうしても、ファッションにしてもメイクにしても、どこかで制限をかけてしまって「振り切れ」なかったのです。啓子さんの言葉を受けて、少しずつ、でもさらに自分の望むようなスタイル、完全なる女性装で仕事をしよう、と心に決めました。

同時に、社内での手続きや根回し、進め方についても、アドバイスをくれました。元人事部員の啓子さんの提案は実践的で、確実にいい方向に向かうと思われました。実際、そのとおりに進めると、本当にスムーズに編成局内で理解を得ることができたのです。それは、報道局出身のママが編成局で自分の居場所を確実なものにできた瞬間でした。

ほぼ時を同じくして、ママは大きな決断をし、トランスの新たな段階を迎えていました。女性ホルモンの摂取を始めたのです。これは本当に大きな一歩でした。男性が女性ホルモンを摂取すると、胸が女性のように大きくなり、肉付きも女性らしく丸みを帯びたものになっていきます。一方で、男性機能は著しく減退し、半年以上続けると健康な成人男性でも生殖能力は失われる、といわれています。精神的に不安定になったり、体調を崩したりする人もいます。後戻りはできない選択で、中途半端な気持ちで手を出すべきではない措置です。もちろん、ママは始める前に熟考しました。メンタルクリニックで「性同一性障害」の「診断」が下り、公式に摂取が可能となっても、それが本当に自分の望むことなのか、慎重に考えたのです。

基本的に心は決まっていました。ただひとつだけ、曇りなき眼で心に向き合い、答えを出す必要がありました。それは、自分の子どもをもつことを完全にあきらめる、ということでした。3人兄弟の真ん中で育ったママは、子どもが大好きでした。もし自分に子どもができたらどんな顔のどんな子が生まれてくるのか、見たくてたまりませんでした。だから高校生や大学生時代には、できるだけ多くの子どもをもちたい、と勝手に夢想するくらい、子どもが欲しかったのです。

その可能性を断つ選択をするにあたり、人生の目的を考えました。自分の人生で何を達成すれば、満足して死を迎えることができるのか、突き詰めて考えたのです。子どもをたくさんもてれば満足できるのでしょうか。答えは、否でした。ママは、自分が生きた証しを歴史に刻みたい、という壮大な夢をもっています。子どもは生きた証し、といえるかもしれませんが、ママの希望を満たす意味で自分の名を残すことはできません。

では、どうするのか。何かすばらしい作品を自分の手で生み出し、多くの人の心に届けることができたら、少しだけこの世界に証しを残すことができるかもしれない、と思い至りました。その作品は、番組かもしれないし、書籍かもしれないし、映画かもしれません。触れることで、ずっと心に残り、語り継がれていくような作品を作ることができたら……そのことが達成できてこそ、満足して人生を終えられる気がしました。

このひとつの答えにたどり着いたとき、マチュ・ピチュを覆っていた霧が晴れていくように、迷いの靄がすっきりと晴れていくのを感じました。

「自分の子どもは、作品なんだ」というひとつの大きな人生の目標を見つけられたのです。ママは39歳になっていました。

この決断をしようと思ったきっかけが、もうひとつあります。それは、年齢を重ね、永久脱毛やファッションへの気遣い、ネイルやスキンケアをどれほど頑張ろうとも、加齢による「おっさん化」が進んでいると感じたことです。中学3年生の夏、隣町のレンタルレコード・CDショップで感じた「綺麗なお姉さんになりたい」という憧れ。それがかなうどころか、まったく反対の方向に追いやられようとしていました。後悔なく生きよう、そう決意したはずなのに。

「おっさんになるなら、死んだほうがましだ」……世の中年男性たち、関西弁で言うと「おっちゃん」たちに本当に失礼なのですが、このころ、本当にそう思いました。

こうして、ママは女性ホルモン摂取という新たなステージに踏み出したのでした。少しでも「おっさん化」を食い止め、進行を遅くしたい、そしてできる限り女性として見られたい、近づきたいという思いでした。現実的には、いかなる外科手術を施そうとも、美容形成手術を重ねようとも、「完全な」女性、「本物の」女性になることはできません。たとえ戸籍上女性になったとしても、DNAは変えられないからです。それでも、近づく努力を重ねることで、なりたかった自分になれるかもしれません。

このころ、特派員時代にトルコのイスタンブール空港で見つけた、名言を記した英語のプレートの言葉が心の中で響いていました。

"Life isn't about finding yourself. Life is about creating yourself."
（人生とは自分探しではない。人生とは自分を創ることなのだ）※著者訳

いまも、冷蔵庫に貼ってあるマグネットプレートに刻まれたこの言葉は、ママを支えてくれたのです。いくら探しても、「本当の自分」なんて見つからないのです。なぜなら、〈あらゆる多様な自分すべてが自分〉だからです。大切なのは、多様な自分の側面を抱きしめて、さらに豊かな魅力ある自分を「創っていく」ことなのです。

39歳までは男性として生きてきた。40歳からは「女性」として生きていこう。ママはそう決意したのでした。

だけどもも、人生とはわからないものですね。あきらめたはずの自分の子どもを抱きしめる幸せにママは恵まれたのですから。いま、ママの腕の中には、すやすやと寝息を立てて天使のように眠るももがいます。

そんなももをこの世に産み落としてくれたのは、まぎれもなくかーちゃんです。ママはかーちゃんとどうやって出会い、いかにして共に生きる誓いを結ぶに至り、ももという奇蹟が生まれたのか。実は、時間を少し巻き戻した２０１２年3月。ママはアメリカから一

時帰国したかーちゃんと日本で再会し、「この人は特別な存在かも……」と感じる瞬間があったのです。

……気になりますか?　気になりますよね。

では、詳しくはこのあと話していくことにします。

第5章

「ママ」が「かーちゃん」と出会って、結婚する頃のお話

「かーちゃん」と出会った！

かーちゃんの話をします。カイロから帰国して2年ほどが経った2012年3月、まだママが報道局の外報部記者だったころ、泊まり勤務のシフトの日でした。その日の午後、アメリカのニューヨークから一時帰国していたかーちゃんと4年ぶりに再会しました。

久しぶりに会ったかーちゃんは、アメリカ在住の長さを感じさせる雰囲気で、明るめの茶色にメッシュが入ったロングヘアスタイル、アイラインをしっかりめに引いたメイク、そしてはっきりとした意思を感じさせる立ち振る舞いが印象的で、日系アメリカ人のようでした。かーちゃんとは、エジプトで知り合っていました。最後にエジプトで会った4年前のイメージとは違い、バリバリ仕事をしている自信にあふれた大人の女性になっていたのです。

再会して程なくして思わず、「なんか、大人になったねー」と伝えたのを覚えています。こう書くと、そういうお前はどうなんだ、と突っ込みたくなりますが、でも、本当にそう思うほどの変化を感じたのです。それは、とても素敵で前向きな成長に見えました。

この日、午後に和風カフェでほうじ茶パフェと抹茶パフェを向かい合って食べたあと、夜になって店を移動し、東京タワーが見えるダイニングバーで共通の友人、若ちゃんこと若林くんを交えて、たくさん語り合いました。エジプトでの思い出話だけにとどまらず、アメリカでの日々、お互いの仕事の話や共通の趣味であることがわかったスキューバダイビングの話など、時間を忘れて、出勤時間ギリギリまで盛り上がったのでした。

そして思ったのです。この人はやっぱりとても素敵で、面白い人だ、と。

かーちゃんと最初に出会ったのは、エジプトの首都カイロでした。ママが特派員として駐在していた時期に、かーちゃんも２００６年から２００８年の2年間カイロに住んでいたのです。ただし知り合ったのは、２００７年の1月末になってから、場所はカイロ在住の日本人御用達の韓国料理店「ＨＡＮＡ」でした。その日、若手駐在員のゴルフの親睦会メンバーで集まった食事会に、ゲスト参加していた青年海外協力隊員のひとりが若き日のかーちゃんでした。

青年海外協力隊といえば、開発途上国に赴任し、コミュニティー開発や教育、産業開発など、さまざまな分野の支援をするボランティアとして活動する制度です。隊員たちは、世界をよりよくしたいという高い志をもって、暮らすにはハードシップの高い国々で頑張る青年、というのがママのもっていたイメージでした。出会ったとき、かーちゃんは29歳。ママは33歳でした。清潔感のあるストレートのロングヘアーに超ナチュラルメイク、ジーンズとカジュアルな上着を羽織ったファッションでした。大きめの水色のバックパックを背負った姿は、颯爽《さっそう》としていて、まさに協力隊員のイメージそのものでした。

ママはエジプトに住んで2年近くが経過し、日本で食べていた焼肉の味を忘れ、赴任した直後に食べたときはまったくおいしくなかったHANAのお肉を、おいしいと感じるようになっていました。協力隊員にとってもそれは同様で、なかなか噛み切れないカルビをみんなでおいしく食べ、現地のビールであるサッカーラやステラを次々と喉に流し込みながら、楽しく時間を過ごしました。そのときにどんな話をしたのか、ほとんど覚えていません。ただ、かーちゃんの話やキャラクターはとても面白いなと感じ、また会えればと思って店を出たあとに電話番号を交換したのでした。

そのころママは、カイロ在住邦人のさまざまなコミュニティーに顔を出し、たくさんの友人に恵まれて、取材の出張がなくエジプトにいるときには、ホームパーティーなどを開いて楽しんでいました。そんな場にかーちゃんを呼ぼうと考えたのです。店の前の路上で番号交換をする姿を見ていた協力隊員の仲間から「番号聞かれてたね」と突っ込みを入れられたそうですが、かーちゃんは、初めて会って話をしたママのことを、「この人は何か違う、すごく面白い人だな」と思ったそうです。

ママはベースメイクと眉毛くらいのナチュラルメイク、ファッションはメンズライクなレディースのブラウスにデニム、というスタイルでしたし、トランスジェンダーを感じさせるような要素はあまりなく、かーちゃんはそういう意味では、当時のママを「一般的な33歳男性」として見ていたと思います。

電話番号は交換したものの、活発なソーシャライジングでたくさんのパーティー常連メンバーといえる友人がいたママは、新メンバー候補だったかーちゃんのことをすっかり「忘れて」しまい、結局1年ほど電話をすることはありませんでした。一方のかーちゃんは、電話がかかってくるかな……と少しは期待していたらしく、でもかかってこないとなると、「自分から聞いておいて連絡してこないなんてひどい」と思ったそうです。これは、いまだに言われます（笑）。多分、一生言われると思います。

そんなわけで、2007年初めに知り合いながら、その後会うこともなく、2008年の年が明けたころ、ようやく再会することになりました。機会をセットしてくれたのがママの大学の後輩で、共通の友人である若林くんだったのです。2008年3月に任期を終えて日本に帰ることが決まっていたかーちゃんに、「帰る前に誰か会いたい人いる？」と聞いたところ、「谷生さん！」と即答されたのだとか。

この話を若林くんから聞いたママは、かーちゃんのことを「思い出し」、さっそくホームパーティーを開くことにして、かーちゃんを招いたのでした。

だいたい、ひとり1品とワインやビールなど飲み物をもって参加、というのがカイロ在住邦人のホームパーティースタイルでした。かーちゃんは、ママの家でのパーティーに、あっと驚くような素敵な品をもって登場しました。

薄いピンク色をしたホールケーキを手づくりしてきたのです。見た目も綺麗で、素人が趣味で作るレベルを超えているようにママには見えました。名前は「モンモランシー」というフランスのケーキで、チェリー入りクリームケーキだとか。肝心の味もすばらしく、「めちゃくちゃおいしい！　もっとパーティーにお声がけしておけばよかった！」と現金で正直すぎるコメントをしたほどでした。かーちゃんは苦笑いしていました。

その日のパーティーは当然のように盛り上がり、翌日週末だったこともあって、深夜遅くまで続きました。かーちゃんは車で30分以上かかる地域に住んでいたので、遅い時間に帰るリスクを避けて、うちに泊まることになりました。これも、ベッドルームが３つもあって２００平方メートル以上ある広い部屋に住んでいるからこそできたことかもしれません。

翌日ママが10時を過ぎてのそのそと寝室から起きてくると、かーちゃんはとっくに起きていた様子で、リビングのソファーの片隅にちょこんと座っていました。ママが起きてくるのをじっと待っていてくれたのです。「おはようございます」と爽やかに言うかーちゃんに、お腹空いたでしょ、と聞くと、「はい」と返ってきました。

そこで、ありあわせでパスタを作ることにしました。ところが、あいにくちょうど出張から帰国したタイミングで冷蔵庫は本当に空っぽでした。仕方がないので茹でたパスタにチーズをかけて和えて、ブラックペッパーをかけたシンプルすぎるパスタを出すと、「おいしいですー」とニコニコしながら綺麗に食べてくれました。このときのパスタの味をかーちゃんはいまでも覚えているそうです。

こうしてかーちゃんが若ちゃんに訴えたことをきっかけに、帰国前の２か月強の短期間で、若ちゃんの家や読売新聞の長谷川由紀さんの家でのパーティーやレストランでの食事など、５、６回はみんなで食事などをする機会をつくることができました。

かーちゃんは、いつも元気で颯爽としていて、協力隊での仕事がストリートチルドレンなど恵まれない子どもたちの支援、ということがとても似合っていました。児童福祉への情熱にあふれ、世界を変えようという壮大な目標に向けて努力をいとわない人に見えました。ただ、凝り固まった真面目一辺倒ではなく、人の話によく耳を傾けて建設的な議論ができるバランスと柔軟性のある人だな、とママは感じていました。「いつも元気なかわいらしい妹」のような存在だったかもしれません。

そして3月末になり、若ちゃんや大平一郎さんら仲のよかったメンバーでかーちゃんの送別会を開き、ナイル川に停泊する船に入ったレストランでエジプト料理を食べました。ママのお気に入りのお店です。そこで、かーちゃんから、アパートを引き払ったあと、最後の数日は青年海外協力隊の「ドミトリー」と呼ぶ施設で過ごす予定であることを聞きました。複数の2段ベッドが並び、シャワーだけがついた簡単な宿泊施設です。それを聞いたママは、最後の夜くらいゆったりと湯船に浸かって疲れをとって日本への長旅に備えることを提案しました。「えー、でも悪いです～」としおらしく答えるかーちゃんでしたが、結局、大きな荷物はドミトリーに置いて、ママの家に来ることになりました。

「魂のふれあい」が感じられる人がいい

かーちゃんのエジプト最後の夜。かーちゃんは協力隊の仲間たちとの送別会、ママは「マダム会」と呼んでいた仲良しマダムたちとの食事会があって、お互いの予定が終了してから合流して、ママの家に帰ってきたのは午前0時ごろでした。それでも、少し話そうかということになりました。そして、バルコニーで軽く飲みながら深夜のカイロの喧騒に耳を傾けつつ、帰国後、何をするのかについてなど、かーちゃんの話を聞いたのです。詳しい話は覚えていません。ただ、この日も話は盛り上がり、ふと気がつけばナイル川に沿って立ち並ぶビルの上の空が白みはじめていました。時計は朝の4時過ぎをさしていました。

この夜の会話は本当に心地よく、「この人とは、ずっとつながっていたい」そんな想いを強く感じたのを覚えています。何か大切にしている魂同士が触れ合えたような、そんな不思議な感覚があったのです。それは、初めての経験でした。大人の男女としてのフィジカルなコンタクトはなく、恋愛的な感情とは少し違うし、単なる友情でもない、うまく形容できないけれど強い感情です。

ただ、かーちゃんは、日本へ帰国してほとんど時間をおかずにアメリカに渡り、ソーシャルワーク（社会福祉）を大学院で学ぶことになっていました。聞けば、カイロにいながら、アメリカの大学院の試験の勉強や準備を重ね、見事、東海岸にあるアイヴィーリーグ（アメリカ北東部にある8つの名門私立大学の総称）のひとつであるコロンビア大学や中西部屈指の名門ワシントン大学などいずれも難関とされる4校から合格通知を得ていたのです。

修士課程を修了後の進路はわからない、とのことでしたが、いずれにしても、ママが任期を終えて帰国しても、日本にはいないことが濃厚でした。今後どうやってどんな関係を続けられるのかわからないなかで、心に浮かんだのが、「この人とは、なんらかの形でずっとつながっていたい」という気持ちだったのです。

それから約束どおりゲスト用のバスルームにお湯をためて準備して、ゆっくりとお風呂に入ってもらい、「おやすみなさい」を言い合って別々の部屋で眠りにつきました。

翌日、夕方のフライトだったので少し時間があったかーちゃんを支局に連れて行き、日本テレビのペンや手ぬぐいなどのグッズをお土産に渡すと、すごく喜んでくれました。そしてその後は、写真を撮るでもなく、名残惜しさを感じながらも、淡々と握手をして別れました。先に帰国する人を見送ることに、ママはすでに慣れていたのです。一方のかーちゃんは、「若林さんにお願いして谷生さんにも再会して、たくさん話もできて、エジプト生活になんの悔いもない」という思いだったそうです。かーちゃんにとって、エジプトでのママは、「憧れの谷生さん」という存在だったのだとか。……照れますね。

もも、これがかーちゃんとママのエジプトでの思い出です。


それからちょうど4年が経ち、アメリカから一時帰国していたかーちゃんと東京・汐留で再会し、午後から語り合い、夜になって若ちゃんが合流した夜。ママは、カイロ時代に感じた不思議な感覚がよみがえるのを感じていました。物事の見方や世界の捉え方、興味・関心のある分野が近いものが多くあって、話していて飽きることがないのです。そして、大きくいうと「世界をよりよくすることに貢献したい」と本気で考えて、児童福祉という分野で文字どおり体を張ってニューヨークで闘っているかーちゃんの話は、それまであまり聞いたことのないことがほとんどで、知的刺激にもあふれていました。

神戸と松本、という遠く離れた町で育ったママとかーちゃんですが、ひとつ共通項があります。海外旅行に家族で行けるような経済的余裕のない家庭出身ながら、地方から「いつか世界で活躍したい」という夢をもち、外国語学習に情熱をもって取り組み、英語を習得し、それ以外の外国語や外国文化を積極的に学んできたことです。

この日の会話も英語やアラビア語も交えて展開しました。周囲からはちょっと不思議で「変わった人たち」に見えたかもしれません。だけどももも、部外者が見て変なことに夢中になれること、そしてそれを共有できる仲間や「同志」がいることは幸せなのです。それが人生の伴侶《パートナー》ならば、なおさら最高です。とくにこの日感じたのは、エジプトでの経験という共通言語は大きいということでした。カイロで朝の4時過ぎまで時を忘れて語り合った時間、あのとき感じた唯一無二の感覚が東京でもママの心によみがえりました。

そして思ったのです。この人はやっぱりとても素敵で、面白い人だ、と。ママは、ずっとつながっていたい、という気持ちが湧いてくるのをはっきりと意識していました。

もも、将来、きみもパートナーを求める日が来るでしょう。そんなとき、何を頼ればいいのか、迷うことがあるかもしれません。基本的に自分の感覚を信じればよいと思います。でも、ひとつだけママがアドバイスできるとすれば、そこに「魂のふれあい」がある、と思えるほどに深い心のつながりを感じられる相手は、そんなにいないということです。だから、そんな相手に気づいたら大切にしてほしいのです。見た目や第一印象ではきっとわからないはずです。どうか心を研ぎ澄まして、素敵な人生の伴侶《パートナー》を見つけてください。ママとかーちゃんがお互いに気づいて行動したからこそ、ももという存在がこの世に生まれたのですから。

女性になった「ママ」に、「かーちゃん」はごく普通に接してくれた

2012年に東京で再会したあと、かーちゃんは仕事のあるニューヨークへ帰っていきました。「魂のふれあい」のような会話ができたと感じていたママでしたが、かーちゃんがどう感じたかは、わかりませんでした。でも、ママの心の中で、ひとつの大きな変化が生まれていました。カイロ時代の、協力隊の仕事にコミットして「頑張っている妹のような存在」から、いろいろな趣味や考え方が一致して一緒に話していると本当に心地のいい「特別な友人」になったのです。

定期的に話をしたいなと思い、ときどきアメリカに電話をかけて他愛もない話をしたりもしましたが、ニューヨークと日本の時差は14時間（夏は13時間）。つながらないか、かけようと思ったタイミングはニューヨークでは真夜中だったり、といつもすれ違いでした。

仕方なく、メールを送ったりSNSでメッセージを交換したり、といろいろな形でコ

ミュニケーションをとりました。でも、一時帰国のときに聞いたのは、ニューヨークで仕事を続け、日本に帰るつもりはない、ということでした。当時のかーちゃんには、日本への本帰国はない、というはっきりした方針があったのです。一方のママは、報道局での仕事に行き詰まりを感じ、今後のキャリアや人生をどう考えるか、思案しているころでした。

今回も、ときおり連絡を取り合いながら、遠くに離れたまま、それぞれの人生を生きていくはずでした。お互いの人生の舞台が交わることのないままに――そう、そのはずだったのです。

再会してからちょうど1年が経ったころのこと。突然、SNSのメッセージでかーちゃんから連絡が来ました。「実は、先月日本に本帰国して、いまは神奈川に住んでいます。よかったら、会いたいです」と。それまでかーちゃんからの連絡は、若ちゃん経由で来ていましたが、今回は本人からダイレクトでの連絡でした。

それは青天の霹靂でした。日本には帰ってこない、と思っていた人が本帰国し、出身地の松本ではなく、東京で働いて隣県の神奈川に住んでいる、というのです。「あ、帰ってきたんだ……」とまずは驚きました。精神的な距離はさておき、そもそも物理的な距離があって、それぞれの道を離れたところで歩んでいくと思っていた人が突如、ママの人生の生活空間に戻ってきたのです。温かい胸騒ぎのような感覚が心に広がりました。

ひとつ、検討すべきことがありました。ママはそのとき、完全に「女性」としての生活を送っていたのです。1年前の2012年に再会したときはまだ報道局所属の記者だったため、フェミニンなビジュアル系にも見える中性的な外見でした。それがこのころは、女性ホルモン投与も開始し、見た目の変化も始まっているなか、フルメイクでさらに女性に見えるよう努力を続けていました。仕事もレディースのファッションで自分らしいスタイルを楽しんでいました。中身はさておき、見た目の変化は少なからずありました。だから会った結果、おそらくすごく驚かれることが想定されたし、ひょっとしたら関係が完全に変わってしまったり、終わったりする可能性だって考えられます。

トランスするにあたり、いくつか決めたことがあります。とにかく、会社をクビにならないように丁寧に進めること、昔からの友人関係や交友関係は大切にしつつも、人によっては関係が変わるか、終わるかもしれないことは覚悟する、ということです。

実際、中東時代の現地の友人や知り合いにはトランスしたことをほとんど伝えていません。ママが同性愛であるかはさておき、同性愛が宗教的に禁忌《タブー》である地域柄、トランスジェンダーであるということが受け入れられない可能性がかなりあるからです。カミングアウトをして、受け入れられないだけならまだしも、傷つくような言葉を投げかけられるかもしれません。また変にショックを与えてしまうことも、ママは望んでいません。こうしていろいろ考えると、カミングアウトや説明にそうした労力をかける意味を見いだせず、残念ながら、いまのママの状況を伝えていない人が多いのです。

でも考えた結果、本帰国したかーちゃんと会うにあたり、自然体でいこう、と決めるのに時間はかかりませんでした。ありのままの自分で会って、感じるままに話ができればいいなと思ったのです。こうして、２０１３年4月28日、東京の白金台にあった居酒屋で食事をすることになりました。

当日、ママは、少しだけ緊張しながらファッションを選びました。フェミニンなパープルのブラウスに7分丈の白いパンツを合わせ、黒いパンプスを選択、メイクはいつもどおりのフルメイクです。いろいろ考えて準備していると、出るのが遅くなってしまい、待ち合わせ時間に少し遅れて店に到着すると、すでにかーちゃんは席で待っていました。

ママの姿を見た第一声は、「痩せましたね～」でした。確かに、トランスを決意してからのダイエットの成果でこのころは、カイロ時代より10キロ近く痩せていました。ただ、それ以外は拍子抜けするくらい、かーちゃんは「普通に」対応してくれました。とくに「女性化」したことについてのコメントもなければ、質問など、なんの反応もないのです。ママとしては、ちょっと身構えて臨んでいるので、「あれ？」と思いました。でも、かーちゃんが楽しそうな様子なので、一緒に話し出すと気にならなくなって、１年前に再会したときと同じようにナチュラルに会話が弾みました。

実際、かーちゃんは明らかに姿が変わったママを見て、どう思ったのでしょうか。のちのち聞いてみました。すると、「あ、女になった」と思ったそうです。この日の会合のあと、少なからず動揺して、ママのことを知っているカイロ時代の親友に電話をして「谷生さんが女になっていた！」と報告したとか。

翌日以降になって、どういうことかを落ち着いて考えられるようになり、理解できた部分とそうではない部分の間で揺れ動いたそうで、「谷生さんだけど、谷生さんじゃない。でもやっぱり谷生さんであることは変わらない……」とそんな思考をぐるぐる繰り返したと聞いています。ただその日は、話しつづけるうちに「やっぱり谷生さんは谷生さんだ」と感じて、気にならなくなったということでした。

さて、ビールで乾杯のあと、食事が始まりました。帰ってこないはずだった日本になぜ帰ろうと思ったのか。そのことが少し気になっていたママは、かーちゃんに聞いてみました。すると、「アメリカで社会福祉の修士の学位を取得して、そのままニューヨークの児童福祉の現場で2年半ほど働き、やり切った感覚がある」とのこと。さらに言えば、母語ではない英語でアメリカ人を相手に、シビアな児童福祉の現場で仕事を続けていく限界を感じた、とも。

かーちゃんがニューヨークでしていたのは、日本では児童相談所が担当するような、さまざまな事情により実親のもとで暮らせない子どもたちを実親のもとに返せるよう支援したり、養育里親のもとで暮らす手助けをしたり、といったことを司法当局と連携しながら探る、という人の人生に大きく関わる仕事です。感情的になる相手をなだめ、ときにひどい言葉を容赦なく浴びせられることも日常茶飯事というハードな現場で、バリバリ働いていたのです。

子どもと暮らせない実親や子どもたち本人からすれば、「当局の仲間」と捉えられ、厳しく当たられることもあります。そんなときに、相手の英語を聞き直すようなことで、ストレスを与えたり、その人の人生に決定的な影響を与えたりしてしまうかも、と想像した結果、限界を感じたそうです。そして、やれることは全部やった、経験を日本で生かして頑張ろう、と感じて帰国を決意した、ということでした。

あるときには、実親から離された直後、精神的に不安定になっている5歳の男の子の移送中に、腕をすごい力で噛まれたこともあったそうです。こうした具体的なエピソードを聞くと、実際にあった話だけに、リアリティーにあふれ、どんどん引き込まれます。ママも、イランで民兵と思われる男に噛まれた話をしたり、とお互いに世界で経験した珍しい話を共有していると、あっという間に時間は過ぎていきました。ちなみに、かーちゃんの左腕には、いまもその男の子に噛まれた跡が残っています。すごいですね、かーちゃん。

男とか女とかではなく、「この人が好きなんだ」

この日、2人きりで長い時間を共にして、ママはあらためて思ったのです。「この人が人生のパートナーだったら、きっと人生は最高に楽しい」と。カイロ生活で得た最大の気づきのひとつが「人生の歓びはシェアすること」という話は、すでにもにもしましたね。

かーちゃんとママは、どちらも地方の県立高校出身だったり、海外への強い関心であったり、育ってきた文化的な環境が近く、世界各地でさまざまな経験をするなど価値観も多くの方面で重なります。だから、「魂のふれあい」を感じるような会話が続くのです。そんなかーちゃんといろいろなことをシェアできれば、人生という旅に最強の相棒となるだけでなく、歓びと楽しさに満ちた旅路になると思いました。

そして、このときには気づいていなかったけど、いまではわかる共通点があります。それは、かーちゃんもママも、「世界を少しでもよりよくするために貢献したい」と考えているということです。かーちゃんは、児童福祉の分野でポジティブな社会変化を起こすことを本気で信じて闘っていて、ママは、エンターテインメントを通じて、何か社会に気づきやきっかけを与えられれば、という信念で仕事をしているのです。ある意味で、手段は違えど大きな目的は同じ「同志」のような存在かもしれません。

翌週、ダイビングが好きなかーちゃんとママは、ももも大好きな品川の水族館でデートし、その後ママは、自分の気持ちを伝えたのです。

「こんなのですけど、よかったらお付き合いしてください」と。かーちゃんは、少しだけ驚いたような、はにかんだような表情で、「はい」と言ってくれました。

こうしてカイロで出会ってから6年数か月後、それまでとは違う形で、かーちゃんとママは時間を過ごすようになりました。週末、気になるレストランに行ったり、映画を観たり、一緒に食事を作って大好きなワインを飲んだり……と楽しい日々が始まりました。でも、かーちゃんは少し悩んでいたそうです。「私はこの人と付き合っているけれど、レズビアンになるのだろうか。いや、そうではないはず……。だとしたら、いったい何なのだろう……」と。

アメリカや日本のトランスジェンダー当事者やそのパートナーたちの書籍やブログなどを読みあさり、かーちゃん自身の気持ちを整理しようとしたそうです。しばらく考えることが続いたあと、ある境地に達して悩まなくなったとか。それは、「私は、谷生さんという人間が好きなんだ」という考え方でした。こう思うようになってからは、気持ちがスッキリしたそうです。かーちゃん曰く、自分のセクシャリティーについて考え、いろいろな文献を吸収するなど「心の旅」を経てこの境地に達したのでした。

この話を聞くと、通常はしない苦労をかけてしまったな、と申し訳ない気持ちになります。それでもママを選んでくれたかーちゃんの愛情の大きさに感謝しかありません。

実は、ママも、似たようなことを考えたことがあります。ママは、女性とも、トランスジェンダーとも、男性ともいろいろなお付き合いをしてきました。いったい、私は何者なんだろう、と。トランスを決めるにあたり、「ガイドライン」に則《のっと》って、性別適合手術を受けて、戸籍変更をして、男性と結婚する、という想像をしたこともあります。ただ、リアリティーをもって受け止めることができませんでした。どこまで行っても、本物の女性にはなれないし、そんな「中途半端な」自分と結婚したいと希望する男性を見つけるのは、至難の業に思われたのです。一方で、女性と婚姻関係を結ぶような深いお付き合いもまた、もうないだろうと考えていました。だから、ひとりで生きていくんだろう、と覚悟していたのです。

本帰国したかーちゃんと再会し、人生のパートナーを見つける、というあきらめかけていた希望に光が差し込んだ気がしました。それは、男女という性や性的指向を超えた、人として最高に惹かれる存在同士としてのパートナーシップ、と形容できる特別なつながりだと思えたのです。時間はかかり、ずいぶんと回り道もしました。でも、気づけてよかった、このチャンスに恵まれてよかった、とママは心から人生の巡り合わせに感謝しました。

そして、東京で再会してから3か月後の7月末、かーちゃんの誕生日に、ママの大好きな伊豆で、プロポーズしたのでした。その答えは――

"Yes!"でした。そう、英語だったのです。ぽろぽろとうれし涙をこぼしながら英語で答えたかーちゃんに、思わずママは「日本語で」と2回言ったのを覚えています。

もも、こうして、伊豆はかーちゃんとママにとって特別な場所となり、のちにももという奇蹟が生まれることになったのです。

ドキドキ！「かーちゃん」のご両親に会う

かーちゃんから人生を共に歩むパートナーとしての前向きな返事を得たママでしたが、その後の道のりは平たんではありませんでした。松本で暮らすかーちゃんの両親、そうです、「もとばーば」と「もとじーじ」からもきちんと賛意をもらう必要があるからです。そのためには、周到な準備と丁寧な説明が不可欠だと、かーちゃんとママは考えました。明らかにママは、「普通の」男性ではないのです。

かーちゃんは、まず、もとばーばに正直に話を伝えることにしました。「結婚したい人がいて、その人はトランスジェンダー女性です」と。話を聞いたもとばーばは、当初相当不安に感じたようでした。それはそうですよね、愛する自分の娘が「結婚したい人がいる。

その人は『女性』として暮らしている」と聞いたら、ほとんどの親は、びっくり仰天し、反射的に反対するのが自然だと、ママも思います。もとばーばからかーちゃんへの反応も、やはり慎重な姿勢でした。

予想されたとはいえ、やはり簡単に賛意は得られません。実際に会って話すしかない、とかーちゃんとママは考え、次にとったステップは、もとばーばに東京へ来てもらって、3人で話すというものでした。

秋も深まったころ、落ち着いて話せてかーちゃんとママも大好きな西新宿のホテルのラウンジで、もとばーばとの会合を設定しました。かーちゃんとママは先に店に行って席を確保し、かーちゃんが新宿駅までもとばーばを迎えに行く、という段取りでした。この日は、ふだんよりかなり控えめなナチュラルメイク、服装はパンツルックにしました。いきなり、真っ赤な口紅にスカート姿で会うのもどうかな、と考えたのです。

席を決めていったん落ち着き、「じゃあ、あとでね」とかーちゃんが出発してから、想定していた時間を大きく超えても、2人は姿を見せません。ママは、急に心配になり、落ち着かない時間を過ごしたことを鮮明に覚えています。ひょっとしたら、到着後、「やっぱり会うのはやめる」という話になったのかしら……と不安になったのです。

真実は、送迎のバスが行ったばかりで、大きく時間をロスしたため、到着が遅れただけでした。いつもどおりのかーちゃんの笑顔に安心しつつ、隣に立つもとばーばを初めて見た瞬間、「この人とは仲良くなれそう」とママは直感的に思いました。

そして、事態はそのとおりに展開したのです。挨拶してしばらくは、お互いに少し緊張していました。でも、少し話しているうちに、ママは自分の直感が正しかったと感じていました。もとばーばは、何かの思い出を振り返っていたとき、突然歌を歌ってくれたのです。「りんご」が歌詞に入った歌でしたが、詳しくは覚えていません。でもそれは、ママのことを受け入れてくれた、という何よりの証しであるように思われました。

実際に会合の後半、もとばーばはママに、「これからよろしくお願いします」と言ってくれたのでした。


年が明け、かーちゃんを神戸ばあばとじいじに紹介し、春先には、もとじーじのもとへ、挨拶に行きました。もとばーばからもママの話は共有されたうえでの訪問です。このときも、かなりのナチュラルメイクに中性的なファッションです。

きっと大丈夫、と信じていたので、ママはとくに緊張することもなく、かーちゃんと一緒に人生を歩みたいと思っています、ということを伝えました。もとじーじからも、「これからよろしくお願いします」との言葉をもらい、晴れて、すべての環境が整ったのでした。

こうして、かーちゃんとママは2014年4月28日、法律上のパートナー、「夫婦」になりました。それは、東京・白金台で再会してからちょうど1年が経った日でした。

パートナーになってから、かーちゃんとママはどんなふうに暮らし、何に幸せを感じていたのか。ももが来る前の2人の生活について、伝えたいことを次に話していきます。

「幸せボタン」は多いほうがいい

戸籍上の「夫婦」になってもしばらくは、ママとかーちゃんはそれぞれ別の場所に住んでいました。ママが購入したマンションが7月末に完成する予定だったので、それまでは別居生活を送ることにしたのです。それまでも週末には、基本的にママの暮らす東京で会っていて、かーちゃんの暮らす神奈川県の相模原には行ったことがありませんでした。7月に入り、同居が始まる前に、一度かーちゃんの住む部屋に行ってみることにしました。

かーちゃんの部屋は小さなワンルームマンションで、こざっぱりと整理整頓され快適そうな空間でした。部屋にある小さなラックには、英語の本や専門書、ニューヨークやエジプト時代の小物や思い出の品などがいくつか置いてあって、海外生活が長かったことを感じさせました。そのなかに、見覚えのあるものがありました。日テレキャラクターがデザインされた文房具です。思わず聞きました。

「あれ、これ、どうしたの？」

「もらったやつだよ。カイロで」

なんと、それらはママがエジプトを離れるかーちゃんに、カイロ支局でお土産として渡した品々だったのです。

「大事だから使わずにとっといたの」

見慣れたはずの日テレグッズに、ジーンとさせられるとは思いませんでした。実に6年ぶりに目にした懐かしのグッズたち。それらをかーちゃんは日本へもち帰り、アメリカミズーリ州、そしてニューヨーク生活にも連れて行ったあと、本帰国の際にもすぐそばに置きつづけてきたのです。「谷生さんからもらった大切な品」として――付き合っているわけでもなく、親友と呼べるほどの深い信頼関係があったわけでもないママのことを、何か特別な存在として大切に想ってくれていたんだな、と感じ、ママは心を動かされたのでした。

ふと目をやると、何枚か写真が飾られた棚がありました。大学院の修了式にガウンを着て誇らしそうに微笑むかーちゃんの写真などがある場所の中心には、見慣れない1枚があります。ポラロイドカメラで撮られた写真です。よく見ると、それはカイロ時代に若ちゃんの家で開かれた送別会で撮られた写真でした。若ちゃんや一郎さんに交じって、かーちゃんとママも笑顔で写真に収まっています。

「あれ、こんなの撮ってたっけ？」

ママは撮った記憶さえありません。

「うん。これ、2人が一緒に写っているカイロ唯一の写真」

6年以上にわたり世界のいろいろな場所を旅してきたその写真は、少し色あせていて、少なからぬ時間が経ったことを語っていました。

「……だから大事なんだ」

ママは、この人は本当に深くママを大切に想ってくれているんだな、と胸が熱くなりました。そして、一緒に人生を歩んでいくパートナーとして幸せになるんだ、と誓いを新たにしたのでした。

マンションは予定どおり完成し、いよいよ入居です。購入を検討し、間取りのカスタマイズなどをしたときは、ひとりで暮らすつもりだったので、誰かと暮らすことを想定したつくりにはなっていません。でも、収納スペースを分け合えば問題はなく、大量の段ボールが片づいて、2人の荷物が統合されると、2人家族としての新しい生活が始まりました。

部屋が落ち着くと、「ハウスウォーミングパーティー」として新居お披露目の会を、カイロ時代の親友たちと開くなど、しばらくはゲストを呼んでのホームパーティーが続きました。かーちゃんとママの間を文字どおり「キューピッド」としてつないでくれた若ちゃん家族も招待したのは言うまでもありません。

こんなふうに、かーちゃんとママは2人での生活を楽しんでいました。週末には気になるレストランに行ったり、映画を観たり、2人とも好きなアーティストのライブに行ったり、と大人な余暇時間を満喫する日々が続きました。

好きな音楽や映画のジャンルや食事の好みが似ているのは、幸運なことでした。両方が満足する充実した週末や休暇につながるからです。なかでも、いちばん好きなお酒が2人ともワインであることは大きく、長期休暇の行き先を検討する際、おいしいワインを生産する国を選び、ワイナリー巡りをアクティビティーに追加するほどになりました。

もも、人生で大切なことのひとつは、「どうすれば自分が幸せを感じるのか、正確に把握し、それを実行できる環境をつくること」です。それは、おいしい食事をとることかもしれないし、海外旅行や温泉巡りかもしれません。なんでもいいのです。ただこれをすると自分は幸せになる、という「幸せボタン」をたくさんもつことが大事です。大がかりな準備が必要なボタンもあれば、日々の生活で押すことのできる小さな幸せボタンもあるでしょう。ストレスをためずに、心身ともに健康で幸せに暮らすうえで、大小さまざまな「幸せボタン」を探しましょう。そして、パートナーと共通の「幸せボタン」が多ければ多いほど、幸せになれるはずです。

プライベートが充実し、2人とも仕事にも集中できていました。ママは「金曜ロードショー」と「映画天国」のプロデューサーとして、映画に向き合う日々、かーちゃんは、児童福祉のNPOの関東地区マネージャーとして頑張っていました。

ママが「金曜ロードショー」の担当となって2年以上が経ち、就任当初は危機的状況だった番組も少しずつ調子を取り戻し、2014年度には大きくV字回復を遂げることができました。どうやら、心配した「最後の『金曜ロードショー』プロデューサー」にはならずにすみそうでした。

啓子さんが異動したあとも、新しい上司たちから「ターニャ」と愛称で呼んでもらうなど、信頼されていると感じることが多く、ママは自分らしくのびのびと働ける環境を手にしていました。就任以来力を入れてきたＳＮＳやデジタル施策は番組の特長となり、放送時間になるとTwitterのトレンドワードランキングを席巻するまでにパワーを発揮するようになりました。

クビになるという最悪の事態も想定し、慎重にトランスを進めた結果、安心して自分らしさを隠すことなく仕事ができるようになったのです。ママは、以前よりも前向きな気持ちに包まれ、よりパワフルでクリエイティブになすべきことに向き合えていると感じていました。ただそれは自分の力だけで実現できたことではなく、啓子さんをはじめ、助けてくれる人たちに恵まれていたからこそ、でした。数多くの人がママに対していい意味でフェアに接し、「ターニャらしさを出したほうがいい」と背中を押してくれた結果、映画番組のプロデューサーとして自分らしく活躍することができたのです。

テレビ出演に、LGBT映画祭開催も

想像もしていなかった展開も生まれていました。2015年、深夜の番組宣伝番組「ウラカタ」に「ハリー・ポッター祭り」の宣伝をするため上司の勧めで出演することになったのです。このころはスカートこそ「解禁」していなかったものの、「女性」として勤務していました。「え、いいんですか?」と上司に確認しましたが、「大丈夫」とのこと。わずか5分程度の短い番組で、出演も短時間ですが、「ハリー・ポッター祭り」について紹介し、さらに映画の編成についても淡々と説明する役回りで久しぶりのテレビ出演を果したのでした。名前の紹介テロップでは、「谷生俊治」と表記されました。

実は、ママは話が決まったとき、あることを決めていました。「いま、この姿でテレビに出演したらどういう反応があるのだろうか」ということを調べようと思ったのです。

出演直後、Twitterのトレンドワードにママの名前があがりました。「ウラカタ」が関東ローカルの番組であることを考えると、なかなかの反響といえます。「気持ち悪い!」「女装でテレビに出るな」「え? 谷生プロデューサーの外見が気になって内容が入ってこないんだけど」といったネガティブな書き込みも相当数ありました。

一方で、「日テレにこんな人がいるんだ。普通に働いているってことだよね、日テレ先進的！」といった声や、「仕事の紹介をするのにセクシャリティーの説明をする必要はないよね、谷生さん素敵」「知的で素敵な女性を見た」といったポジティブに評価をしてくれた書き込みも少なからずあったのです。

全体として、6割程度はネガティブでしたが、4割ほどは前向きな声だったことに、ママは勇気づけられました。このことが、ママが再びテレビに出演することへのハードルを下げてくれたのでした。また、名前と見た目のギャップが大きな違和感を与えていたことにも気づき、「俊治」では出るのをやめよう、名前を変えなきゃと決めました。のちに「news zero」への出演のタイミングで、名刺を含めて「俊美」を使用しはじめたのも同じ理由からです。

少しあとには、編成部がインターネット上での24時間配信番組を制作した際、最も重要な時間帯である2日目のゴールデンタイムの番組で、映画のプレゼンターとしての出演を依頼されました。このときは「ターニャ」として出演できるなら、と相談し、快諾されるなど、ママの「ターニャ」としての活動の場は広がっていきました。

同じころ、ウェブメディアで、「金曜ロードショー」の放送タイトルやそれ以外の映画についてのコラム執筆を依頼されるなど、報道にいたころ想像もしなかった分野にまで、仕事が少しずつ拡大していったのです。

２０１７年、ママは「映画天国」の枠で、初めての試みをすることにしました。世界的にＬＧＢＴＱのムーブメントが盛り上がる「プライド月間」である6月に、「ＬＧＢＴ映画祭」を開催しようと考えたのです。まだＬＧＢＴという言葉自体がそれほど浸透していない時代でしたが、だからこそ、フロントランナーとして届けることに大きな意義があると思いました。期間中に放送する映画が何より肝心でしたが、幸いすばらしいラインナップが組めそうでした。ただＬＧＢＴをテーマにした映画を放送するだけではなく、放送の前後に映画の解説コーナーをつくり、知識がない人でも映画をより楽しめるように工夫する構成にしようと考え、解説役のひとりとしてママ自身も出演するプランにしました。

上司に相談すると、祭りの開催には賛成してくれましたが、ママが自分の番組に出演するのは、「電波を私物化している」という批判が出る懸念がある、との意見でした。そうはならないように、どうすればいいのか相談のうえ、プロの映画解説者やＬＧＢＴの専門家らにも出てもらい、ママは作品の編成意図を説明する役回り、という建て付けをつくることにしました。加えて、社内の多くの部署に企画を説明し、ママの出演も含めて丁寧に調整作業を重ねたのです。

社内調整の途中、こんなに面倒ならやめようかと思ったときが何度もありました。でも、ママ自身が出演することで、「日本テレビのプロデューサーにこんな人がいるんだ」ということを可視化することができます。そのことがとても重要である、とママは考えていました。それを思い出して粘り強く作業し、ついにすべての方面からグリーンライト（青信号）をもらったのです。

こうして、2017年6月、『あしたのパスタはアルデンテ』『ぼくのバラ色の人生』『アルバート氏の人生』、そしてトリを飾る『パレードへようこそ』というすばらしい4本の映画を「映画天国・LGBT映画祭」として放送することができました。もも、きみにもお勧めの映画です。高校生くらいになったら、ぜひ観てください。

いずれも、世界の映画祭でさまざまな賞に輝いた作品です。放送後、映画のクオリティーを評価する声はもちろん、「LGBT映画祭」として編成したことについても、前向きな評価が相次ぎました。ほかの民放はもちろん、NHKや有料のBSチャンネルでも同様の試みはないなか、日本テレビがその先陣を切ったことを評価する声も聞かれました。ふだんお付き合いしている複数の映画会社の関係者からも「すばらしいですね！」という声をかけてもらえる結果となり、祭りは成功、と言ってよい終幕を迎えたのでした。思った以上の前向きな反響の多さに、ママは本当にやってよかった、と思いました。

翌年も同じ方式で開催しようと提案すると、今度は拍子抜けするほど簡単にゴーサインが出ました。時代は確実に変わりつつありました。ＬＧＢＴへの理解も着実に広がっていたのです。そして、一連の出演はママにとって、その後、比較にならないほど注目度が高い番組への出演に向けた礎石となったのでした。

「子どもをもつことにチャレンジしたい」

平日は仕事を頑張り、週末は２人でゆったり楽しむ、そして年に１度の長期休暇で海外や国内に旅行をしてリフレッシュ……そんな穏やかで満ち足りた生活が続いていました。こんなふうに歳を重ねていくのかな、と思っていたころ。２人になって３年目の２０１６年春のことです。かーちゃんが「相談したいことがある」と言ってきました。基本的にかーちゃんとママは、なんについても相談して決めます。だから、相談するのはいつものことなのですが、今回はゆっくり相談したいとのこと。聞けば、「子どもをもつことにチャレンジしたい」という話でした。結果はどうなったとしても、２人の人生に大きな影響を及ぼす選択です。時間のあるゴールデンウィークにゆっくり話すことにしました。

「子どもに関わる仕事をしていて、ふと最近思うことがあって」

かーちゃんはこう話を切り出しました。穏やかな陽気に包まれた5月の昼下がり、ゴールデンウィークのこの日の予定は「話し合い」でした。

「自分の人生に子どもがいても楽しいかなと思うんだよね」

「まあ、それは楽しいかもね」

すでに話したとおり、ママも子どもが大好きですし、異論はありません。

「……で、２人の子どもができるかわからないけど、チャレンジできるならしてみたいと思ったんだけど、どう思う？」

かーちゃんは、まずママの意思を確認してくれたのです。「女性」として生きることを決めて実践しているママに、「男性」性を否が応でも意識させる挑戦になることを理解してのことでしょう。２人の合意があって初めて、次のステップに進むなら進もう、という姿勢に、ママもとっても共感しました。

「知ってのとおり、私はもう生殖能力ない可能性が高いよ」

「うん。だから、進むなら、２人でちゃんとそれも確認しなきゃいけないよね。私だってないかもしれないし」

　このとき、ママは42歳、かーちゃんは38歳でしたが、あと数か月で２人ともひとつずつ歳を重ねます。どちらも子どもを授かるには、けっこういい年齢です。それに、ママは女性ホルモン投与という強制的に生殖能力を削《そ》ぐ措置を受けていました。条件は極めてよくありません。


　ただ、かすかな希望はひょっとしたらあるかもしれない、とママは思いました。実は、かーちゃんが日本に本帰国して初めて会った3年前の4月末以降、つまり、付き合いをすることになってからは、女性ホルモン投与をストップしていたのです。すでに話したとおり、投与を決めたときに、自分の子どもをもつという夢はあきらめていました。そのうえで不可逆といわれる措置を選んでいたのです。それでも、本帰国したかーちゃんとの再会と共に過ごす時間の特別さは、ママに措置を止めさせる何かをもっていたのでした。「どうなるかはわからない。でもいまはしばらく止めておこう」ママはそう考えたのです。

「別に自分の実際の子どもができなくても、養育里親になるとか、養子縁組という選択肢だってあるし。いろいろ可能性はあると思うんだよね」

かーちゃんは、児童福祉の専門家なので、このあたりの分野はプロです。自分たちの子どもができない場合は、それも受け入れるしかないこと、ただそれ以外でもさまざまな選択肢があることを視野に入れて、まずはどこまで進むか相談していこう、と決まりました。

この日の話し合いでは、ゴールデンウィーク明けにクリニックを2人で受診して、生殖能力の現状を確認し、次のステップを考えることにしました。

かーちゃんが気を使ってくれたとおり、生殖医療を行うクリニックへ行くこと自体が、ママにとってはハードルでした。基本的に患者として受診するのは、男性と女性のカップルです。女性の同性パートナー同士が精子提供を受けて受診するケースも当然あると思いますが、圧倒的に少数派で、少なくともかーちゃんとママが通うクリニックではそうしたカップルは見かけませんでした。（どんな格好で行けばいいんだろう……）まずはそこから悩みました。

結局、ナチュラルメイクと中性的なファッションを選び、数週間後、探し出したクリニックを2人で受診しました。

さまざまなメディカルチェックの結果、かーちゃんの生殖能力は健康そのもので、まったく異常はありませんでした。問題は、やっぱりママでした。

健康な成人男性の場合、1億以上ある精子の総数のうち、生殖能力のある精子が少なくとも数千万以上あるとされ、それでも不妊に悩む男性もいます。ママの場合、その数は、なんと10以下でした。先生から聞いた衝撃的に少ない数字に「あー、やっぱり」と思ったのが最初の感想でした。まさに自業自得なんだな、と。実際の原因はわかりません。ただ、女性ホルモン摂取が影響したもの、と考えるのは理にかなっています。半年以上の摂取で生殖能力は失われる、と一般的にいわれている期間以上、ママは摂取していました。

「そうすると、妊娠の可能性はない、ということでしょうか」

ママは目の前の先生に質問しました。十分想像していた事態だったので、冷静でした。

「いや、ありますね。顕微授精でしたら」

「けんび授精……?」

初めて聞く言葉でした。

「顕微鏡を使って、抽出した元気な精子を卵子に受精させる手助けをするものです」

顕微鏡を使って受精させる……そんなことができるんだ、というのが率直な感想でした。

10以下しかいない元気な精子を顕微鏡で選び出し、卵子に受精させる、現代科学のなせる業に驚きつつ、それしか選択肢がないなら、やるしかないなと説明を聞きながら心に決めていました。顕微授精させて受精卵になったものを母体に戻すことで、妊娠できる可能性があるというのです。

帰宅してかーちゃんと相談し、時間とコスト、それにかーちゃんの心身の負担は大きいけれど、2人の子どもができるチャンスがあるのなら挑戦してみよう、ということで一致しました。

こうして、かーちゃんとママの「妊活」が始まりました。それは、長きにわたる旅路となったのです。

なかなかうまくいかない「妊活」

始めてみると、想像していた以上にかーちゃんの負担が大きいことがわかってきました。排卵をコントロールするために、内服薬や注射を相当な頻度で確実にこなす必要があるのです。またそのための定期的なクリニック受診も必須で、平日休みを取ったり半休にしたりしないと、通院自体が難しくなります。

顕微授精は何度かチャレンジして、複数の受精卵ができました。タイミングを計ってさまざまな医学的措置でかーちゃんの子宮に着床しやすい体調を整え、受精卵を体内に戻す、という作業に入ります。スムーズに妊娠までたどり着けばいいのですが、事はそんなに簡単には運びません。何度も何度もトライしては、うまくいかない、という繰り返しでした。うまくいかなくても、かーちゃんの体には大きな負担がかかります。次のチャレンジをすぐにできるわけではなく、また数か月かけて体調を整えて、もう一度挑戦、という本当に時間と手間のかかる活動になります。

うまくいくかな、と思う展開になったこともありました。それでも、次にクリニックに行って帰ってきたかーちゃんから「ダメだった」と報告を聞く、という流れになることが何度も続きました。ママは、何よりかーちゃんの身体的負担と精神的なショックが心配でした。かーちゃんは強く、精神的にタフな人です。うまくいかなくても、いつもどおり振る舞っていましたし、妊活にプラスになるとクリニックから聞くと、スペインやフランスから薬を個人輸入するなど、努力も惜しみませんでした。「淡々とやっていた」とかーちゃんは振り返って言います。でも、ママから見るととてつもないエネルギーでした。

それでも、活動を始めて1年半以上が経つと、精神的にダメージを受けているのかな、と感じることも出てきました。当たり前のことです。妊活に加えて、かーちゃんは仕事でも週末勤務が当たり前にあるなど、激務をこなしていたのです。

ママはかーちゃんになんとか寄り添えないか、と週末にフルコースの手料理を振る舞ったり、いろいろと考え実践していました。それでも、2018年を迎えたころ、心身ともに大きなリフレッシュをさせてあげないといけない、と感じたのです。このころのかーちゃんは、心身ともに疲れ果てて、追い詰められているようにママには見えたのです。

「この春に、1週間くらい海外に行かない？　ゆっくりしに」

ママはかーちゃんに提案しました。かーちゃんもママも、海外にいるほうが元気になるくらい、海外生活が好きな性格です。日本での生活は楽なのですが、定期的に海外の空気を吸わないと、閉塞感を感じてしまうのです。

「……ニュージーランドに行きたい」

かーちゃんはこう言いました。「とにかくゆっくりしたい」、とも。ママがニュージーランドには1度行ったことは、すでにももに話しましたね。あの旅で感じた静謐《せいひつ》な空気に触れることは、いまのかーちゃんに何より必要な気がしました。さっそくママは、経験も生かして旅のプランを真剣に検討しはじめたのでした。

2018年3月、金曜深夜の羽田発オークランド行き直行便。仕事を終えてから2人でニュージーランドへの旅へ出発しました。空港のラウンジに着いた時点で、かーちゃんは疲労困憊《こんぱい》、飛行機に乗ると、しばらくして提供された機内食にほとんど手をつけず、寝てしまいました。ママは、元気いっぱいでテンション高く、機内食も完食して翌朝かーちゃんに笑われました。

旅の行程は、7年前にひとりで行ったときの印象を頼りに、「癒やし」を最大のテーマに作成しました。最大都市のオークランドはパスして、南島のクイーンズタウンでゆっくり過ごし、首都ではあるものの小さな地方都市のような落ち着いた町ウェリントンへ移動、1泊だけニュージーランドきってのワイン生産地マールボローに滞在して、またウェリントンに帰ってくる、というものでした。アクティビティーは美しい自然を散歩したり、雄大な自然を巡るデイツアーに参加したり、ワイナリー巡り、それにママの「布教」でかーちゃんもすっかりファンになった『ロード・オブ・ザ・リング』のロケ地ツアーです。

旅行中、よく食べてよく寝ました。かーちゃんはとくによく寝ていました。澱《おり》のようにたまった疲れを原因から取り除き、癒やしてくれるかのようなニュージーランドの大自然に包まれて、かーちゃんはずっと気持ちよさそうでした。そんな姿を見て、本当に来てよかった、と思いました。

帰りの飛行機では、行きとまったく逆の展開になりました。プランした旅の行程を無事にこなし、かーちゃんが満足してくれたことに安心したママは疲れ果てて、機内食も忘れるほど眠っていました。逆にかーちゃんは、元気はつらつ、機内食の時間になるとニコニコしながら「とんとん」と叩いてママを起こしてくれるほどでした。

振り返れば、このニュージーランドへの旅がかーちゃんの心身の疲れをほぐし、妊活にもフレッシュな作用をもたらしてくれた気がします。復路の機内での元気な姿は、そのことを物語っていました。

もも、ふだんももが抱いている羊やキーウィのぬいぐるみは、そんなニュージーランドから連れてきた仲間たちです。いつか、いや、近い将来にきっと、3人で大好きなニュージーランドへ素敵な旅をしようね。間違いなく、忘れられない時間になると思います。

ももが生まれてくるきっかけになったかーちゃんとママの妊活について、こんなに細かに話すには理由があります。ももは、かーちゃんとママが2人の子どもが欲しいと心から望んで行動を起こし、あらゆる努力を長い間重ねた結果、奇蹟と呼ぶしかない巡り合わせによって誕生したのです。そのことを伝えておきたかったのです。だからももは、まぎれもなく、かーちゃんとママの子どもです。

でも、ひょっとしたらもっと大切かもしれないことは、愛情があるからこそ家族になる、ということです。だからたとえ血のつながりがない親と子どもでも、愛情でつながれば家族になるのです。"Love makes a family."「家族をつくるのは愛」なのです。

さて、こうしてリフレッシュしたかーちゃんとママ。ももがどうやって生まれてきたのか、かーちゃんとママはそのときどんなことを思ったのか。あらゆる意味で人生が大きく展開した2018年以降の話を次にしていくことにしますね。

第6章

「パパ」だけど、ついに「ママ」になりました

「news zero」に出ない？

もも、ももがこの世界に生まれてきたときの話をします。まずは、ももの誕生日からさかのぼること9か月ほど前のことから。

かーちゃんとママの「妊活」の結晶である大切な受精卵をかーちゃんのおなかに戻したのは、2018年9月のことです。妊活を始めてから、すでに2年半近くが経っていました。前に話したように、期待するとダメだったときのダメージが大きくなるので、過度に期待をせず、「淡々と」過ごしていました。何度もうまくいかないことを繰り返していたからです。それでも、タイミングを相談し、その月の半ばから予定していたドイツへの休暇前にしようと考えました。

その少し前、ママの人生とキャリアに大きな変化をもたらす話がありました。「金曜ロードショー」のプロデューサーになってすでに6年以上が経過、やりがいと充実感は感じていましたが、45歳を目前にしたママは、その先のキャリアをどうするか考えていました。

報道局で活躍中の同世代の友人から久しぶりに連絡があり、「近くランチしない？」と誘われたのです。社会部や特派員時代にも交流のあった「戦友」のような仲間からの誘いにママは二つ返事でOKしました。

約束当日、待ち合わせ場所に行くと、店は予約済みと言うので歩いていくのかと思っていると、「ちょっと距離があるからタクシーで行こうか」と言われ、「ん？　ランチで？」と思いました。

到着したのは銀座にあるきちんとした佇《たたず》まいの日本料理店でした。しかも案内されたのは畳敷きに掘座卓がついた個室。「なんか気分上がるね〜」とママはさっそくテンションマックスです。振り返ると、何かと特別感にあふれた展開でしたが、単純なママは、これがそのあとに大きな話をするための舞台設定だったとは想像もしていませんでした。

お互いの近況を軽く共有する雑談で、10年以上続いた夜のニュース「NEWS ZERO」のリニューアルの話題になりました。番組リニューアルチームにいて忙しいという仲間に「それは大変だねー」とひとごとのように返していました。その年9月いっぱいでの村尾キャスターの卒業と、NHKを退職した有働《うどう》由美子アナウンサーの10月1日からの新キャスター就任は聞いていたので、注目度の高い責任ある仕事を同じ世代の仲間が担当するようになったんだな、と妙な感慨を覚えたのを思い出します。

メインの出演者も含めた番組の完全リニューアルは、大変な作業です。共演者の変更やセットはもちろん、コンセプトや細かいコーナー展開から全体的演出まですべてを検討し、新たに考える必要があるからです。報道局で記者しかしたことのないママには未知の世界でした。感心しながら聞いていると、おもむろに話を切り出されました。

「それでさー、谷生、『ゼロ』に出ない？」

「へ⁉」

最初に口をついたのは、喉の奥から空気が抜けるような変な声でした。まったく予想もしていなかった話に本当に驚いたのです。それは、「NEWS ZERO」ではなく、リニューアル後の新生「news zero」に出演しないかというオファーでした。

ニュースに出演すること自体は、記者時代の中継やＶＴＲリポートなどを含めれば、数えきれないほど経験しています。ただ、今回の話は、スタジオゲストとしての出演です。報道局から異動する直前の時期、ママがトランスを本格的に始めていたころに顔出し出演をした際、非常に嫌な思いをして、「二度とニュースに出ることはないし、出たくない」と思った話はすでにしましたね。そのときと比べても、さらに「女性化」して勤務しているいま、その姿でニュース番組に出るなんて、想像もできませんでした。

10キロ近くのダイエットや、女性ホルモン摂取、男性時代では考えられないほどの丁寧なスキンケア、ボイストレーニングなど、あらゆる努力をしてきても、ママは、「完全な女性」としてテレビで認識されるほどの「パス度」がないことを自覚していました。こういう場合の「パス」とは、トランスジェンダーが自分の望む性別として他人から認識されることを意味します。だから、そんなママが注目度は深夜の広報番組の比ではない日テレの看板ニュース番組に出る、なんて、途方もない冗談か、会社もママも大負けする賭けのような話に聞こえました。

「あのー、いまこういう状態（見た目）なのは、わかったうえで言ってるよね……？」

ママは、どういう意図でそんな話が浮上したのか、真意を聞きました。「さらし者」のようにされるかもしれないなか、何を期待されているのだろう、と。

「もちろん、谷生のセクシャリティーはわかってるし、その個性というかキャラクターは、すばらしいと思ってる」

だけど、とすぐに言葉を継ぎました。

「……それだけじゃないんだよね。谷生は、社会部で警視庁記者も、カイロ支局長もやってるし、報道記者としてのキャリアがちゃんとあって、しかも、映画というエンタメの分野も長くて、どっちもちゃんと話せると思う。中継とか解説もうまかったし。だから、トランスジェンダーだから、だけでは全然ない」

彼女の言葉は本当にそう思って紡がれていると感じました。もとより、何かを取り繕うような物言いをする人ではなく、直球でぶつかってくる人なのは、よく知っています。真剣な表情で話したあと、はにかむように笑ってこう言いました。

「それに……私さー、谷生はもともとタレント性というか、スター性があると思ってたんだよね」

チームを含めて真剣に検討し、ある程度「報道としての意思」まで話を詰めてくれたうえで、内内の打診をしているようでした。「ゲストコメンテーター」として、あらゆるニュースについて、コメントを出す役割で出演してほしい、と言うのです。「新しい時代の新しいニュース番組としてリニューアルするにあたってのゲスト」として。既視感のない新しいコメンテーターを番組は望んでいるようでした。

驚きと、戸惑いが心で混ざり合うなか、静かに温かい気持ちが湧き上がってくるのをママは感じていました。それは、信頼する報道局の仲間が自分を報道に必要と感じて声をかけてくれたこと、大きな注目を集める番組に出しても問題ない、と思ってくれたことへの、率直な喜びの感情でした。トランスジェンダーになったママを、新しい看板ニュースに必要だと言ってくれているのです。

この日のランチには、ももも知っている白川くんも少し遅れて合流し、彼が新生「news zero」のプロデューサーになることも聞きました。信頼する仲間たちからの依頼に、意気を感じてうれしくなったママは、断るのが難しくなったな、と思いはじめていました。とはいえ、即答できるオファーではありません。あらゆる世間からの厳しい言葉にさらされるかもしれないし、注目されることによって、ふだんの生活に影響が出る可能性だってあるのです。

仮に、出演を決めて、報道を出た際の誓いを自ら破ったとして、理不尽な批判を受けるのは嫌でした。会社に「なぜあんな変なやつをニュース番組に出すんだ」というクレーム電話が殺到するかもしれないのです。そうなったときに、自分が社内で批判されることになったら目も当てられないな、と考えたのです。

「……もし、出る、って答えたとして、会社を調整できるのかな」

「そこは全力でやります」

2人の言葉は決意にあふれていました。そして、きっと調整できる見通しまであるのかも、と感じさせるものでした。

それでも迷っていたママに、一度有働さんと会ってみては、との提案がありました。近く打ち合わせで来社予定があるので、そのあとに食事しながら話すのはどうか、と。確かに、それはあるかも、と思いました。出演したら、番組で直接何度もトークをやりとりすることになる人です。どんな人か会ってみて何を感じるのか、ママ自身、非常に興味がありました。そこで、「前向きに検討したいとは思うけど、少し考えたい」と伝え、有働さんと会ってみることにして、その日の銀座でのランチは終了しました。

有働さんに「よろしくお願いします！」

ひとりになってじっくり考えてみました。同世代の報道の仲間たちから必要とされて、ニュースに戻る場を与えられるかもしれない事実をうれしく思いました。しかも、その場所は新生「news zero」の出演者として、というとんでもない役割です。考えれば考えるほど、すごいことだと感じました。でも……と、一方で引いたところから見ている自分もいました。「news zero」に出るということは、日本全国に向けて、ママはトランスジェンダー女性であることを「公開カミングアウト」するということなのです。それは、実に重いことです。

家族はどう思うだろうか、とまず考えました。神戸ばあばは、ママのトランスについて、歓迎や応援をしていたわけではありません。少しずつ変化する姿を見て、なし崩し的に許容してきた、という感じです。少しずついろいろな知識を吸収しながら受け入れ、いままではママの活躍を応援してくれていますが。

神戸じいじは、ママがトランスしたいという気持ちを神戸ばあばに伝えたあと、それを聞いて、あとにも先にも人生で一回だけの手紙を書いてきて、「すべてを失うから正気に戻れ。そんな恐ろしいことはやめろ」と言った人です。明確に大反対でした。ママは、「ハゲ！」と叫んでぼこぼこに殴られたり、虐待のような暴力を受けたりして育ったので、神戸じいじから愛情を注がれたとはまったく感じていません。むしろ、自分の価値観や考えだけを押しつけてくる存在、です。ママのこれまでの人生は、そんな父親を「見返し」て成功する、という闘いでもあったと感じます。手紙を受け取り、こう思いました。またか、と。

ただ、いまではママとの会話もないので、帰省してもあまり影響はないし、ママは自分の人生は自分で決める、と考えて東京に出てきて、その後もずっと突き進んできました。だから、「すべてを失うことなんて、絶対に起こさないように慎重に事を進めよう」と思いながら、神戸じいじの手紙は黙殺したのです。

そして、いま、男性記者のままでいたとしても、実現できた可能性は低かったと思えるオファーを、もらえたのです。むしろ、いまの生き方を選んだからこそ、手にすることができたかもしれない、まったく新しい挑戦の機会でした。ママがニュース番組のコメンテーターとして出演することで、世の中のトランスジェンダーへの認識や理解が少しでも深まるかもしれません。また、何か前向きな気持ちになったり、「こんな生き方もあるんだ」と感じたりする人が出てくるかもしれないのです。何より、自分を育ててくれた報道局、大好きなニュースに貢献できるなら、それはうれしいことでした。

でも、久しく会っていない親戚はどう感じるでしょうか。おそらく、神戸ばあばは、親戚のことや近所での評判などを気にするだろうな、と思いました。ただ、ももにも話したとおり、人生の主語は、常に自分自身であるべきだと考えているママは、もし受け入れてもらえないなら、それは仕方のないことだ、と達観していました。

それより、何よりも大事なのは、かーちゃんの気持ちでした。かーちゃんが反対したら、ママはきちんと説明してわかってもらう努力をしたうえで、それでもやめてほしい、と言われたら、それを振り切ってまで強行することはしないつもりでした。

自分の頭が整理できてから、かーちゃんに相談してみました。まず事実を説明し、報道の仲間たちから必要とされていることがうれしいし、前向きに考えようと思っていることを伝えました。

かーちゃんは、「すごいじゃん」と前向きな言葉をくれたうえで、ママが考えてやったほうがいいと思うなら、出ればいいのでは、と返してくれました。そして、ママが考えていたことと同じことを言ったのです。

「出ることで、いろいろな人が勇気づけられることになれば、すばらしいね」と。

ありがたいコメントに、ママが勇気づけられました。でも、松本のもとじーじら、親戚まわりは大丈夫でしょうか。いつも会っているときのナチュラルメイクではなく、完全なる女性装での出演です。あるいはものすごく驚かせるかもしれません。そのことも確かめましたが、「そこは心配しなくても大丈夫じゃないかな」との反応でした。できるだけ「抑えた」ファッションなどを心がけていましたが、「ふだんからネイルとかしてるのも気づいてるだろうし（笑）」とも。……確かに、そうです。

かーちゃんが背中を押してくれたことで、ママの出演への気持ちは大きく前進しました。

数週間後、有働由美子さんとほかの新生「news zero」の主要スタッフと食事をする日が来ました。かしこまったスタイルではなく、打ち合わせ後スタッフたちとカジュアルに食事をしている場に合流する予定でした。店に入ると、歓声とともに迎えてくれたグループの中心に有働さんがいました。

……果たして、ママは有働さんの人柄に魅了されました。そして思ったのです。「この人と新しい時代のニュース番組づくりができるなら、やるしかない」と。そして、その場で決めて有働さんにこう伝えました。

「よろしくお願いいたします」と。

ももは、おなかの中にいたよ

そんな決意をしたあと、かーちゃんとママは、休暇でリフレッシュすべく、ドイツへ向かいました。話してきたとおり、ドイツは、ママの大学での専攻地域であり、大学院での研究対象となった縁深い場所です。学生時代とカイロ支局時代、何度も行ったヨーロッパのなかでも親友も多く暮らす愛着のある国を案内したいと思ったのです。海外経験は豊富なかーちゃんでしたが、ヨーロッパにはその2年前、遅ればせながらの「新婚旅行」として2人で行ったイタリア以外にほとんど滞在経験がなかったのです。

直行便ではなく、経由便にして、アラブ首長国連邦（UAE）のドバイを経由地に選びました。アラビア語世界は、同性愛を絶対的な禁忌《タブー》と定めるイスラム教が圧倒的多数派で、ママのような存在は、冗談ではなく逮捕されるリスクがあります。ただ、トランジット（乗り換え）だけだと、そのリスクはないことは確認済みでしたし、2人ともアラビア語を話すので、久しぶりにアラブ人相手にエジプト方言のアラビア語で話しかけたりするときっと楽しいね、という話になったのです。

トランジットのセキュリティーチェックなどにいるアラブ人に思いっきりエジプト方言で挨拶し、ぎょっとされつつ笑ってもらえるのを楽しみつつ、ママは、アラブ諸国に安心して再び訪れることは難しいだろうな、という寂しい思いも抱かずにはいられませんでした。本当なら、かーちゃんともともとママの3人で、エジプトやほかのアラブ諸国のすばらしい場所を一緒に訪ねて案内できれば最高だと思います。アラブではないイスラム圏であるイランもそうです。ももにも見せたい場所がたくさんありますから。

でも、いろいろなリスクがあるのは間違いなく、残念ながら、近い将来にかなうかどうかさえわかりません。

世界は多様性があるからこそ面白いのは間違いありません。でも、多様性とは、かように面倒くさくて、大変なものなのです。それでもママは、多様性を受け入れて生きていく人生のほうが楽しいと思っていますし、自分が馴染みのない文化も理解する努力をしたいと考えています。お互いに歩み寄って。ただ、ママのことを受け入れられない可能性が高い場所にあえて行くことは、慎重にならざるをえません。それが5年も暮らした中東であることは、皮肉で悲しいことです。

ももも、それでも世界には、本当にすばらしい場所がたくさんあることを忘れないでください。

話が少しそれましたが……ママが大好きなドイツの場所をかーちゃんに見せようと、ママは張り切っていました。もももよく知っている親友のルンツェ清くんと巴さん家族、それにツービーこと、つばさバルシュケさんが暮らす首都のベルリン、屈指の景勝地ライン川下りと川沿いにそびえる古城ホテル。モーゼル地区の白ワインの名産地も行程に組み込み、旅の最後は学生時代からの親友シュテファンのいるミュンヘンです。

出発直前に受精卵をおなかに戻したかーちゃんでしたが、旅行中は楽しむことを最優先し、ほどほどにお酒は一緒に楽しもう、と2人で話していました。何度も話したとおり、期待しすぎて頑張ってもうまくいかなかったときのショックが大きいので、「普通に」生活することをこのころは重視していたのです。だから、機内でのシャンパンや、ドイツ各地での名産ビールやワイン、それに、本場ミュンヘンではオクトーバーフェストでの巨大ジョッキに入ったビールなど、リラックスして楽しみました。

旅をしながら、もし、かーちゃんのおなかにいる受精卵がちゃんと着床し、無事に生まれてきたら、ドイツという地がさらにもうひとつの意味で特別になるな、と想像を巡らせていました。そして――本当にそれは、現実になったのでした。もも、ドイツに行く前にかーちゃんのおなかに戻した受精卵こそが、ももになったのです！

だから、ももは、かーちゃんのおなかの中で、ドイツを一緒に旅したといえるのです。

ドイツ旅行自体は、ベルリンでの清ファミリーとのふれあい、古城ホテルでの素敵な時間、それにミュンヘンの親友シュテファン、妹のクラウディアと息子のキリアンくんと行ったオクトーバーフェスト、などかーちゃんが楽しんでくれたこともあったのですが、全体としては、何度も行っているママが「ドイツ・上級編」とでも言うべきイベントを入れすぎたことで、課題も残ったのでした。ドイツがほぼ初めてだったかーちゃんは、もっと「観光客らしいこと」をしたかったのです……。反省。

……とにかく、ももは、目にも見えないほど小さかったころ、かーちゃんのおなかでドイツを体験していました。清やツービーがもってきてくれるドイツのお菓子をももが大好きなのは、そんなことも影響しているのかなと思うと、ママは、愉快な気持ちになります。

こんなふうにドイツを旅していた終盤、ミュンヘンにいたとき、東京から電話が鳴りました。銀座のランチを共にした仲間からでした。

「10月の第1週、木曜日に出てほしいんだけどさー、スケジュール大丈夫？」

だ、第1週⁉ ママは、ものすごく驚きました。出演は決めたものの、さまざまなゲストが何週か出演を重ねたあと、第3週目くらいに「ふわりと」出るんだろうな、と想像していたからです。第1週に出るとなると、リニューアル直後の番組のカラーを背負うような意味があります。そこまでの大役とは思っていませんでした。

「えー、いま休暇中でさー、来週から復帰するから、そのときに詳しいことを教えてよ」

そう答えるのが精一杯でした。

事態は風雲急を告げていたのです。

二度と出ないと思ったテレビ画面に「ママ」が

ドイツから帰国して出勤した初日、編成局の上司から呼び出され、報道局が「news zero」のコメンテーターにママを希望しているので検討してほしい、と伝えられました。「大変な役回りだと思うのでよく考えて判断すればいい」とも。報道の仲間たちが社内の幹部に調整をした結果、ゴーサインが下りたようで正式ルートから打診が来たのでした。

ママの心はほぼ決まっていたので、かーちゃんと最終的な相談をしたうえで、数日後には「出ます」と返事をしました。すると程なくして、「news zero」の番組幹部がママのところに訪ねてきて、かしこまって出演の依頼をされました。

「ぜひ、『news zero』にゲストとして出演していただきたいと思います」

報道時代からよく知っている先輩に頭を下げられて、気恥ずかしい気持ちと、報道を出てトランスした〝ふつう〟とはかなり違う自分に出演者としてのオファーが来たことに、驚きとうれしい気持ちが入り混じった感情に包まれました。それは、あまり感じたことのない気持ちでした。

6年数か月前、最後の顔出し業務を終えて、「そんなんでニュースに出ていいと思ってんの」と罵倒するように言われたあと、悔しさと悲しさのなか、「もうニュースには二度と出ない、出たくない」と心に決めたあの日。異動して啓子さんに背中を押してもらい、報道記者としては実現できなかったであろう「トランス」を進めて、いまの自分を「創って」きました。のびのびと自分らしさを全開にして働ける環境は手にしていました。でも、まさかある意味で「限界を感じて」出た報道局から、いまの自分の姿でニュースに出てほしい、との「依頼」が来るとはまったく想像していませんでした。

もも、人生とは、本当に予測不能なことが起きるものです。予測どころか想像さえしていない出来事が突然目の前に出現して、選択を迫ってくるのです。決断するときに頼りになるのは、それまでの経験や知見、そして新しい世界に挑戦しようとする意志の力です。ママは、このとき、世間に「一斉カミングアウト」をして、あらゆる視線や声を浴びる覚悟を決めました。未体験の仕事への挑戦で広がっていくはずの景色を見たかったのです。報道記者としての12年、「金曜ロードショー」プロデューサーとしての６年半で積み重ねてきたものがママに力をくれると信じて。

そこから出演日までは、怒濤《どとう》のような日々でした。さっそく行われた番組との具体的な打ち合わせで、思っていたよりも大変な役回りであることを知って驚きました。ママは、スタジオの端っこに座るものと思っていたのですが、有働キャスターのすぐ隣に座る、という説明を受けたのです。あらゆるニュースへのコメント対応が求められるポジションです。新しいスタジオセットの完成予想図を前に、少々ひるむ気持ちが出てきました。

考えてみれば、大きな問題がありました。ママは、記者としては何度もテレビに出演経験がありました。でも、「女性コメンテーター」としての経験はゼロなのです。この日の打ち合わせで、記者として取材したことを伝える役割と、ゲストコメンテーターとしてニュースにコメントをする役割がまったく違うことを実感したのでした。さらに、「女性」出演者としての立ち振る舞いや衣装・ヘアメイクについての知識もゼロでした。

「これはまずいな……」。ママは急に膨らんだ不安材料を潰すべく、すぐ対処しました。

まずは、衣装を担当してくれるスタイリストをどうするか、が喫緊《きっきん》の課題でした。番組の担当からは「誰か好きな人に声かけていいよ」と言われたものの、すぐには浮かびませんでした。スタイリストさんの友人や知り合いがすぐに出てくるような仕事を積み重ねてきていなかったからです。

それでも、落ち着いてよーく考えると、ひとり思い出したのです。ママがプロデューサーをしていた「映画天国」の新作紹介コーナーで、出演者のスタイリストを担当してくれていた女性のことを。現場で何度も会ったことがあるほか、番組の打ち上げなどで、ゆっくり話したこともあって、気さくなとても気持ちのいい人です。「これは彼女にお願いするしかない！」。知らない人よりも、知っている人に頼んだほうが絶対安心です。すぐに電話して事情を説明すると、幸いその場で快諾してくれました。

次に、「女性出演者としての立ち振る舞い」を会得する必要があります。考えた末、女性アナウンサーに聞くのではなく、もともと記者としてキャリアを重ねたのちに、キャスターにもなった報道局の女性に教えを乞うことにしました。入社以来さまざまな研修や実地訓練で「人前に出ること」を徹底的に叩き込まれるアナウンサーより、あとからキャスターとして活躍するようになった女性に聞いたほうが、ママのキャリアとの共通点が多いのでより参考になるのでは、と考えたのです。

お願いした小西美穂さんは当時、夕方のニュース「news every.」のキャスターなどを長く務めていました。同じ関西出身の彼女は、久しぶりに再会すると今回のママの「抜擢《ばってき》」をとても喜んでくれていました。「ほんまにすごいことやん！　私も話聞いてうれしなってん。頑張ってね～」と。それを聞いて、社内で応援してくれる人の存在を知り、ママもうれしくなりました。

報道フロアの片隅のソファーを使って、いろいろ気になっていたことを質問すると、本当に親身になって教えてくれました。脚の並べ方、目線の位置、手の動き、など、カメラの位置も考えたうえで、どう見せれば、綺麗に見えるのか。実践的な動きを教えてもらい、めちゃくちゃ参考になりました。さらに、ヘアスタイルやアクセサリーについてのアドバイスから、カメラに映えるメイクのポイントについてまで、それまでまったく知らなかった女性出演者としての知っておくべきノウハウを惜しむことなくシェアしてくれました。

こうした準備を重ねていくうちに、不安がずいぶんと減っていくのを感じていました。

それでも、放送が近づくにつれて「ちゃんとできるかな……」という思いはぬぐえないまま、ついにリニューアルした「news zero」の放送がスタートする週が始まりました。自宅でそのオンエアを見ながら、「ここに3日後出るの？　ほんとに⁉」という不思議な思いでした。想像を巡らせると、緊張は高まっていきました。

新しいスタジオセットをリニューアル2日目の放送前後に下見できることになりました。放送終了の少し前にスタジオに入り、キャスターらが並んで座るデスクやセット、周囲のモニターなどを自分の目で確かめます。スタジオに入ったらきっともっと緊張するんだろう、と予想していました。ところが実際に起きたのは予想とはまったく逆だったのです。

ニュースを生放送中のスタジオに入るのは、報道局の記者時代以来でした。6年以上ぶりにスタジオに入り、ニュース番組が目の前で進行していく様子を見たとき、「あ、帰ってきた」と感じたのです。それは、故郷に久しぶりに戻ったときのような気持ちでした。同時に、心に去来したのは緊張感ではなく、「やってやろう、きっとできる」という自信でした。スタジオを見渡せば、旧知の仲間たちがきびきびと動いていました。

「ああ、ここにいたな……」ママは、戻ってきたことをうれしく思いました。報道記者として身近に感じていたニューススタジオに、役割は違えど、出演者として帰還できることに、心から喜びを感じたのでした。

「みたよ。よかったです。先に寝てるね」

迎えた初出演の日。ママは報道局の仲間たちに向けて、ゲストコメンテーターとして出演することについてどうしても一言話したい、と思っていました。よく知っている人たちに、きちんと挨拶をして想いを伝えたかったのです。報道局幹部が取り計らってくれて、2012年5月31日に報道局を離れるタイミングで挨拶をした同じ場所で、全体に向けて話ができることになりました。

「……異動して6年と4か月が経ちました。いまこうして皆さんの前に立っていることをとても不思議に感じています。皆さんが知っている谷生とは、ずいぶんと見た目が変わったと思います」

いつも賑やかな報道フロアは、しんと静まり多くの人が耳を傾けてくれています。マイクをもつ手にも少し力が入りました。

「……報道を出たあと、『女性』として生きたいと思い、こんなふうになりました。今回、考えてもいなかった形で、また報道に戻ってこられたことを本当にうれしく思います。お話を頂いたとき、迷いもありましたが、大好きな報道に少しでも貢献できるなら、頑張ろう、と思って受けることにしました。今日から『news zero』のゲストとして、チームに加わることになりました。偶然と必然の巡り合わせで、こんなご縁を頂けたことに感謝しています。皆さんとまたお仕事ができてうれしいです。あらためてよろしくお願いいたします」

拍手をもらって、少しほっとしました。また受け入れてもらえたような気がしたのです。話を取り計らってくれた幹部からは、「よかったよ〜ちょっと泣きそうになっちゃった」と言ってもらい、報道フロアの全体に話をさせてもらってよかったと思いました。

この日は夕方から打ち合わせがあり、その日のニュースラインナップについていろいろと意見交換などをして、あっという間に時間が過ぎていきました。番組では、最初のゲスト紹介のときに、一言自己紹介のコメントをすることになりました。そこで何を言うか、ママは少し時間をかけて考えていました。報道局全体への挨拶が終わると、「立ち会い」といわれる各取材部からの最新のニュースを共有して説明する会議になります。

その流れで「news zero」の打ち合わせ、終了次第、衣装に着替えてメイクとヘアメイク……とオンエア開始に向けての準備は佳境に入ります。こうした出演者としての流れに身を委ねること自体、本当に新鮮でした。メイクは自分でしますが、ヘアセットはヘアメイクさんにしてもらいます。髪を綺麗に整えてもらいながら、番組冒頭でのコメントを考えていました。

２０１８年10月4日、午後11時。ママは、「news zero」のスタジオセットの照明の中に座っていました。隣に座る有働さんがゲストを紹介するコメントを話し、ついに出番が来ました。

「谷生俊美です。日本テレビには男性として入社し、現在はトランスジェンダー女性として映画に向き合って7年目になります」

有働さんがフォローコメントでつなぎます。

「谷生さんは日本テレビの一社員でいらっしゃるんですけど、今日はわれわれがお願いして来ていただきました……」

少しうなずいて、コメントの続きを話しました。

「出演することに、視聴者の方からどういう反応があるのか、といった正直不安もあるんですが、たとえば自分にしかない物事の見方があると信じて、会話のきっかけをつくっていければと思います」

目の前には何台ものテレビカメラが並び、まばゆい照明の中、何か現実感が湧かないまま、用意したコメントをカメラと有働さんを見ながら話し終えました。カミングアウトをする瞬間には、一瞬声が震えそうになりました。ニュースに携わっていた身として、夜のニュースに出ることの重みと意味を理解しているからこそ、急に緊張が襲ってきたのかもしれません。でも無事に話し終えると、不思議と心が平静を取り戻し、その後は、落ち着いて役割を果たすことができました。

この日は、強盗致傷や強制性交などの容疑者が警察署での取り調べ中に逃走した事件から、東京都のLGBT差別の禁止などを決めた条例制定の話題、さらには天気のキャスターとの肌のお手入れの秘訣についてのトークまで、文字どおり多様な話題についてコメントをしました。そのほかにスポーツコーナーでは、VTR映像が流れている間にもワイプと呼ばれる小画面で顔を映されることがあったりと、気を抜くことはほとんどできない緊張感ある1時間になりました。

番組の最後に、視聴者からのコメントや質問に答える短いコーナーで瞬間的に集中力を高めた時間がありました。

東京都のLGBTなどの差別禁止条例について、「いろいろな種類のマイノリティーがいるなかで、なぜLGBTだけ優遇するのか」との視聴者コメントが紹介され、有働さんに「谷生さん、これについては?」と突然振られたのです。事前打ち合わせも何もない、その場での対応力が求められた瞬間でした。10秒ほどで端的にまとまったコメントが求められています。

「(むぅ……)」と声が出そうになりましたが、次のように言葉を紡ぎました。

「……(LGBTとして)優遇を求めている、というより、『ふつうの』扱いを求めているということだと思います。ひとつの『個性』として受け止めていただければ、と思いますね」

ふぅ……。という感じでした。生放送でこうした問いかけに瞬間的にコメントする大変さを身をもって知りました。それでも、なんとかまずまずやれたかな、と思いました。1時間が終わって、その後のインターネット配信用の「反省会」番組までこなし、最初に浮かんだ感想は、「楽しかった」というものでした。生放送に向けて、スタッフや出演者チームとネタの打ち合わせや意見交換、衣装に着替えてメイクとヘアメイクをして、集中力を高めて、ライブに臨む……未体験の仕事でしたが、やはり、ニュースはニュースでした。

自分の社会人としてのキャリアを育ててくれた場所である「ホーム感」が強く感じられて、すぐに馴染むことができた気がします。

すべてが終了し、帰路についたタクシーで、知り合いからSNSのメッセージが来ました。「Twitter のトレンドワードに上がってるよ！　すごい」

見てみると、確かに、「谷生俊美」がトップ10入りしていました。投稿されたコメントのなかには、「気持ち悪くてチャンネル変えた」といった誹謗中傷もありました。でも、それ以上に、「日テレすごい、先進的だ！」といった声や、「谷生さん、見識高いなー。これだけでニュースゼロ見る価値あるな」といった前向きな書き込みが多い印象でした。

何より、ママがニュースについて話したコメント自体について、内容がなっていない、といった批判や指摘は見る限りありませんでした。見た目については、ママが努力するしかありませんが限界はあります。でも、コメントの内容について、レベルが低いといった声が上がることだけは避けたいと思っていたのです。

まずは、なんとか無事に離陸できた、と思いました。

かーちゃんからも短いメッセージが来ました。

「みたよ。よかったです。先に寝てるね」

ママは、素っ気ないコメントにかーちゃんの優しさを感じ、この日、いちばん温かい気持ちになりました。思わずタクシーの車内でひとりにっこり、ふと窓の外へ目をやると見慣れた東京の夜景までぬくもりのあるものに見えました。

こうして、ママの「news zero」への初出演が終わりました。まさにサプライズというしかない出来事でしたが、この後、わずか2か月の間にさらなるサプライズの連続が待っているとは、このとき想像もしていませんでした。

日テレ社内からも応援の声が

「news zero」への出演に対する反響があることは想像していましたが、あまり考えていなかった方向からも聞こえてきました。社内です。翌日出社すると、放送を見た知り合いの社員数人から、「すばらしかった」、「本当に感動した」とか、「ターニャのことをコメンテーターとして出す決断をした日テレを誇りに思った」といったとても前向きなメールが来ていました。なかにはママ宛てではなく、人づてで伝えられたコメントもけっこうあり、どれも非常によかった、との評価でした。まずはいずれもポジティブな反応が来たことに安心しました。

出演を重ねるうちに、話したことのなかった会社の先輩から「妻がファンです」といった声をかけられたり、「活躍見てるよ！」とか「評判いいよ！」と知り合いから言われたりすることが当たり前になりました。

ただ、なかには、「zeroでのコメントを見て、谷生ってまともなやつなんだと思った」という声を聞いた、という知り合いからの情報共有もありました。やはり、ママがトランスをしていく様子を外から見ている社内の人で、快く思っていなかった人が一定数以上はいるんだな、と感じました。「谷生はエジプト行く前はまともな普通のやつだったのに、帰国してからどんどん変になって（笑）、向こうで何があったのかと思う」といった声も聞きました。

それでも出演を続けていくとママが「まともなやつ」だとわかってもらえたのか（笑）、そうした声は次第に聞こえなくなり、「応援してます」といったうれしい言葉をかけられる機会が社内外で増えていきました。

いろいろなニュースやエンターテインメント情報についてコメントをする役割をこなし

ていくと、報道記者としての知見や映画番組のプロデューサーとしての経験がうまく還元できている、とますます感じるようになりました。それまで重ねてきたキャリアが新しいミッションに役立っているからこそ、ママの出演が「よかった」という声につながっていたのでした。

もも、人生でどんなキャリアをももが歩んでいくのかわかりません。思いどおりに進むこともそうでないこともあるでしょう。でも、たとえ回り道に思える仕事やキャリアをすることがあったとしても、与えられた場所で一生懸命に努力をして全力を尽くして結果を出してください。その経験が望んでいた仕事に続く道筋を照らしたり、たどり着いたときに還元できる可能性もあるのです。また頑張る姿を誰かが見て、チャンスを与えようと思うかもしれません。ママが「news zero」への出演の仕事をして感じたのは、まさにそんなことでした。

自分らしく生きようと社内でトランスを進めた結果、報道時代の経験まで生かした、まったく新しい仕事をする機会にも恵まれました。このころ、ママは「自己肯定感：self-affirmation」についてよく考えるようになっていました。自己肯定感がうまく確立できていると、仕事のパフォーマンスや心身の健康状態がよくなる、と社会心理学でもいわれているそうです。

ママの場合も、自己肯定感がしっかりと確立され、のびのびと仕事に向き合うことで、自分らしさが発揮され、クリエイティビティーやオリジナリティーが出せていると感じていたのです。ももにも大切にしてほしい言葉があります。

"Embrace yourself."――「自分自身を抱きしめよう」「自分の存在を祝福しよう」といった意味になります。Embraceという言葉の語感や響きが好きで、ママがこの時期に大切にするようになった言葉です。これこそ、自己肯定感を高めることに直接つながるスローガンだと思います。

「こんな私が、親になれるのかも」

ちょうど同じころ、もうひとつの大きなサプライズが訪れました。

ある日、妊活のクリニックから帰ってきたかーちゃんがおもむろに話しはじめました。

「ドイツに行く前に戻した受精卵が育ってるって。今日、心音聞かせてもらった。ちっちゃいけど、とくとく動いてた」

もも、このころ、きみは確かにかーちゃんのおなかの中で「とくとく」と小さな心音を響かせていたのです。それは、最高にうれしい「サプライズ」と呼ぶしかないニュースでした。「こんな私が親になれるのかも」という喜びが瞬間で全身を浸すように広がっていき、思わず大きな声でかーちゃんに「すごいね！」と叫んでいました。かーちゃんは、「まだまだ何があるかわからないから」と静かな喜びをたたえた表情の中に、緊張感を保ったままでした。

それでも、エコー写真に写るそら豆のような小さな赤ちゃんの姿と、心音を示すデータ写真を見て、「とくとく……とくとく……」小さな、ちいさな、ももの心音を想像すると、ママは涙が出てきました。これまでにない、大きなおおきな一歩です。感動と興奮を隠せませんでした。

ドイツから帰国してすぐの検診では、戻した受精卵の状態はまだどうなるかはっきりしないので様子を見ましょう、と言われていたからです。成長速度やサイズもかなり小さく、どうなるかわからない、今回もどうだろうか……という雰囲気をかーちゃんもママも感じていました。

それが、土壇場での「大逆転」ともいえる一気の成長ぶりに、今度こそは妊娠状態がしっかりと継続するかも、という希望が生まれたのでした。本場ドイツのオクトーバーフェストで飲んだビールがパワーをくれたのでしょうか。……いや、そんなはずはないですね、かーちゃんが束の間でもリラックスできたことなど、いろいろポジティブな条件が重なって、最高にうれしい展開につながったのだと思います。こうしてドイツはもにとっても、縁のある場所になったのです。

とにもかくにも、妊活開始以来、最大の局面を迎えていました。次の検診でも無事に成長していることが確認され、程なくして妊活のクリニックから一般病院の産婦人科を紹介され、かーちゃんは定期的に産婦人科へ妊婦として通う生活が始まりました。

もうひとつのサプライズは、この年の12月1日付の人事異動で、6年半務めた「金曜ロードショー」の担当を外れ、事業局（現在はグローバルビジネス局に改称）の映画事業部に異動することになったことです。

それは、20年越しの「宿願成就」でした。配信サービスの隆盛などにより地上波放送での映画番組を取り巻く環境が厳しさを増すなか、番組の立て直しに取り組み成果が出はじめたかな、という時期の突然の異動に、後ろ髪を引かれる思いもありました。この年の7月からはスタジオ地図の細田守監督が手がけた新しい番組のオープニングをスタートさせるなど、攻めの姿勢で新たな施策をしかけていました。

ただ、入社試験以来ずっと「いつかは映画事業部に」と希望していた部署です。キャリアの新たなチャプターのスタートがこのタイミングであることにもきっと何か意味があるのだろう、と捉えることにしました。

こうして、2018年12月から、まずは宣伝を手伝いながら映画づくりを学ぶ日々が始まりました。

この年の暮れに1年を振り返ると、公私ともに人生に大きく影響する重大な変化がいくつも起きた激動の年だったことに驚きました。心身ともにリセットすることができた3月のニュージーランドへの休暇、「金曜ロードショー」のオープニングと番組キャラクターの変更、9月のドイツへの休暇、まさかの「news zero」への出演開始、妊活がついに実を結ぶかもしれないかーちゃんの妊娠、そして12月の映画事業部への異動……いま振り返ると、プライベートの充実が仕事の充実にも直結していたことに気づきます。
また、「本業」の映画番組のプロデューサーとしての仕事だけでなく、映画コラムの執筆や読売新聞のウェブサイトOTEKOMACHIでお悩み相談員への就任が決まるなど、外部への発信や活動も増えていました。

1月には、この年のアカデミー賞の外国語映画賞を受賞することになったチリの『ナチュラルウーマン』の主演ダニエラ・ヴェガにインタビューしたことも強く印象に残っています。主人公のトランスジェンダー女性を、自身もトランスジェンダー女性であるダニエラが演じたすばらしい作品です。

11月には『ファンタスティック・ビーストと魔法使いの旅』のキャンペーンで来日したエディ・レッドメインにもインタビューするなど、特派員時代に鍛えた英語でのインタビュースキルを生かした思い出深い仕事も重ねられていました。エディは世界で最初に性別適合手術を受けたデンマークのトランスジェンダー女性を描いた『The Danish Girl（邦題：リリーのすべて）』でトランスジェンダー女性役を演じたこともあり、ママにとっては非常にエモーショナルな対面だったのです。こうした経験が翌年の「news zero」でのブラッド・ピットやアンジェリーナ・ジョリーら大スターへのインタビュー企画にもつながっていきました。

でも、なんといっても最大のニュースは、かーちゃんの妊娠でした。2人で相談のうえ、安定期に入るのを待って、年末年始の帰省時に松本と神戸の両親らに発表しました。

12月30日の夜、松本のもとばーばの家で、かーちゃんと大きくなったおなかを触っていたとき、2人で初めてももが動くのを感じました。胎動です。ママは、あまりの感動に大粒の涙がぽろぽろとあふれてくるのを抑えることができませんでした。

妊娠のニュースを発表した家族・親戚のなかで、喜び方がいちばん大きかったのは、神戸ばあばでした。おそらく、ママがいまの生き方を選んだことで、神戸ばあばはママの子どもについてあきらめていたからでしょう。お正月にサプライズとして、かーちゃんの妊娠と予定日が5月末であることを伝えると、

「ばんざ――――い!」

と両手を高く上げて、大声で何度も何度も繰り返し、涙を流して喜んでくれました。この反応はママの予想どおりでしたが(笑)、本当によかったなと思いました。神戸じいじの反応は、記憶に残っていません。多分、ほとんど反応がなかったのでしょう。

それでも、かーちゃんとママは「いつ何が起こるかわからない」ことを常に意識して喜びすぎないようにしていました。かーちゃんは高齢での初産《ういざん》であることを気にしていましたし、ママはそれよりも自分の精子が原因で流産などにつながるのでは、と心配していたのです。だから、2019年2月に4Dエコー画像で動くももを2人で見たときには、それまで感じていなかった安心感と胸の高まりを抑えられませんでした。

大きくなったかーちゃんのおなかに器具を当てると、ももの姿が画面に映し出されました。指をくわえたり、動いたりする様子、顔まで確認できてママは本当に感動しました。小さいのに手足には5本の指も立派に育っていて、元気に動き回っています。その様子を見て、ママは思ったのです。「いよいよ本当に、こんな私が親になれるのかも」と。

そして確かに生まれてくるはずのわが子のために、ママは誓いを立てました。「この子に恥ずかしくないように生きよう」と。

世の中には、誰がどう見ても完全な女性にしか見えないトランスジェンダー女性もたくさんいます。でも、ママはそうではありません。ときどき「綺麗」と言ってもらえることもありますが、女性として完全に「パス」しているわけではないことをママ自身が知っています。それでも、できる範囲であらゆる努力をしてきたつもりですし、たとえそれらが「絶望的な努力」だとしても、ママはこれからも続けるでしょう。「絶望的」と呼ぶのは、決して本物の女性になれない、という意味において絶望的だと感じているからです。

ただし、自分の存在に絶望しているわけでは決してありません。ママは自分に誇りをもっています。トランスジェンダー女性であることも含めて「これが私、"This is me"」だからです。そして、こんな自分がこの世に生きた証しを刻みたいと強く願い、何かの作品として遺すべく、努力を続けています。かーちゃんのおなかで動き回るものの姿を見て、ママはこの子が大きくなったときにも、「これが私の親です」と言ってもらえるような存在でありたい、と強く思ったのです。たとえ、「異形」の存在だとしても、それを個性として生かし、活躍するのです。

ひどい言葉をぶつけられたり、傷つけられたりしたこともあります。これからもそれは変わらないでしょう。でも、ママにしかできない仕事や発信、ものを創り出す活動がきっとあるはずなのです。誰かに寄り添い、励ますような言葉を紡げるかもしれないのです。そうした努力の積み重ねによって、「ママの仕事」や「ママの存在」がもっと世の中で認められるようになれば、わが子もママのことを恥ずかしいとは感じず、誇りに思ってもらえるかもしれない――そう思いました。

When the sharpest words wanna cut me down
鋭すぎる言葉が私を切り裂こうとする時
I'm gonna send a flood, gonna drown 'em out
洪水を起こして全部沈めてやる
I am brave, I am bruised
私は勇気ある者　傷だらけだけど
I am who I'm meant to be
私のあるべき姿
This is me
これが私なんだ

Look out 'cause here I come
気をつけろ　この私が通るんだ

And I'm marchin' on
私は堂々と進んでいく
To the beat I drum
自分が叩くドラムの鼓動に乗って
I'm not scared to be seen
見られることだって怖くない
I make no apologies
謝ったりなどしない
This is me
これが私だから

（訳詞：谷生俊美）

ママの頭の中で、前年に日本でも大ヒットしたミュージカル映画『グレイテスト・ショーマン』の挿入歌「THIS IS ME」が、強くつよく鳴り響いていました。

「大丈夫、きっと大丈夫」

出産予定日の2019年5月23日が近づくにつれて、かーちゃんのおなかは日に日に大きくなりました。4Dエコー映像で元気に動き回るももの姿を見て以降、「家族が増えるんだ」という気構えが一気に高まり、いろいろな準備を本格化させました。ベビーベッドを弟家族から譲り受けて置く場所を考えたり、哺乳瓶や赤ちゃんの服などを買いに行ったりしていると、幸せな気持ちに包まれました。

それでもなおママは、どこかで「何が起こるかわからない」という緊張感をずっともっていました。理由は何度か話したとおり、ママの生殖能力に最後のところで問題があって、よからぬ展開につながるかも、という恐怖心があったからです。ママにできることは、かーちゃんのおなかに手を当てて、動き回ったりしゃっくりしたりしているももに、「どうか無事に生まれてきてね」と祈りの声をかけることだけでした。

映画事業部に異動し、ママは、先輩プロデューサーが手がけた映画の公開キャンペーンを手伝ったり、少し先に公開となる映画の宣伝戦略を考えたりしながら、映画プロデューサー修業を積んでいました。ちょうど5月末に公開予定の映画を担当していて、出産予定日に重なっていました。45歳でまったく新しい部署に異動するというチャンスをもらい、念願の部署であったことも相まって、ママは焦っていました。早く貢献できるようにならなければ、と。だから、長期の離脱は避ける必要があるとまず考えました。それに、「news zero」への出演もほぼ隔週ペースであります。仕事の環境が前年までとはまったく変わっていたため、出産のタイミングで、立ち会いと長期の育児休暇を取得する決断を難しいものにしていました。

それでも、出産という大仕事に臨むかーちゃんをひとりにすることは考えられませんでした。何があろうと出産への立ち会い以上に重要な仕事など、どこにもないからです。各所と相談・調整のうえ、約1か月間の休みをもらうことにしました。

臨月を目前にした4月。かーちゃんが産休に入ったタイミングで、かーちゃんとママは伊豆に出かけました。2人で生きる人生のチャプターの出発点となった思い出の場所です。自然豊かな癒やしの地で、ゆったり過ごし、かーちゃんに心身ともにリラックスしてほしかったのです。

海が目の前に広がる温泉宿で何度も露天風呂につかり、頭を空っぽにして2人で楽しみました。はち切れそうなかーちゃんのおなかの中では、ももが成長を続けていました。海と自然以外は目に入らないすばらしい景観の中で、かーちゃんと温かい温泉につかっていると、自然そのものの大きな営みに抱かれたような感覚に包まれます。

かーちゃんは気持ちよさそうに目を閉じて、リラックスしていました。両手は、ももがいるおなかを愛おしそうに抱いていました。ママは、そっとそこに手を重ねました。

「大丈夫、きっと大丈夫」

小さな声でつぶやくと、かーちゃんは「うん」と言いました。

重ね合わせた手の先にいる赤ちゃんが、少しだけ動いたように感じました。

なかなか生まれない！

予定日の少し前からママも休暇に入り、いつかーちゃんが産気づいてもいい態勢を取りました。おなかの赤ちゃん、つまりももは、1か月前までは逆子状態だったのですが、「こっち向くんだよー。くるん！」と何度も何度もおなかの上を手でさすりながら回転させる声がけを続けた成果があったのか、直前の検診でも通常分娩でいけそうとのことでした。声がけを続ければ、この子は言うことを聞いてくれるのでは、と思ったかーちゃんとママは、「23日に生まれてくるんだよー」と「言い聞かせ」ていました。

迎えた予定日の23日。朝、かーちゃんに出産が近いことを示す「おしるし」が来たのです。「やっぱりこの子はものわかりがいい！」と2人で盛り上がりました。入院セットの準備もばっちり、いつでも病院に行けます。家にいても落ち着かないので、2人のお気に入りのカフェに行って、ランチをしながら陣痛が始まるのを待つことにしました。

ところが、ランチを食べ終えて、待てど暮らせど、一向に始まりません。「これ、生まれるのかな〜」とかーちゃんも笑っています。結局その日は何も起こらず、カフェにもっていった入院セットはそのままもち帰り、という肩透かしに終わりました。

次の日も、その次の日も、またその次の日も何も起こらず、ひたすら待ちつづける時間が過ぎていきます。入院セットが入ったスーツケースを脇に置いて、カフェやレストランに行って2人でゆったり過ごすのです。のんびりできるのはいいのですが、いつ生まれてくるのかまったくわからず、なんとなく「宙ぶらりん」な気分でした。きっとかーちゃんのおなかの中が、ももには気持ちよかったのでしょう。

「（ママに似て）のんびりしているから、追い込まれないと力を発揮しないいんじゃない？」

と、かーちゃんはからかうように繰り返しました。失礼ですよね、本当に（笑）。でもまあ、「のんびりした子なのかもしれないね」と2人で話しながら、待っていました。

病院との事前の話として、予定日を含めて5日生まれなければ、入院して陣痛促進剤を使うことになっていました。それに従って28日朝に入院し、陣痛促進剤を投与しての措置が始まりました。

はじめはとくに変化はなかったのですが、しばらく投与を続けていると陣痛が始まりました。波のように寄せては引いていくような感じで、その感覚が短くなっていきます。同時に子宮口が十分な広さまで広がって、出産の準備ができるのを経過観察しながら待ちます。少しずつかーちゃんが痛そうな様子を見せはじめて、比例するように子宮口も広がりました。

分娩室での措置が行われている間、ママは、かーちゃんの横に立って汗をぬぐってあげたり、手を握ったりして励ましていました。分娩台の横に置かれた計器からは、ももの心拍音がはっきりと聞こえています。「赤ちゃんの心拍数ってこんなに速いんだな」と知りました。1分間に120回から150回くらいの頻度なのです。「しゅんしゅんしゅんしゅんしゅ

んしゅんしゅん……」とひっきりなしに打つ心拍を聞きながら、「どうか無事に生まれてきてね」と祈っていました。

昼になっても子宮口は十分に広がらず、食事休憩になりました。このころはかーちゃんも元気で、出された食事をぺろりと平らげました。午後からまた陣痛促進剤を投与する措置の再開です。少しずつ陣痛の波の感覚は短くなりましたが、十分ではなく、結局夕方になっても生まれてくる様子はありません。結局この日は、措置を中断し、翌日朝から再度始めることになりました。ずっと継続するものと思っていたママは、少しだけ「え?」と思いました。夕方にはかーちゃんはけっこう苦しそうだったので、このまま翌日まで大丈夫かしら、と心配になったのです。

午前中の元気な様子が嘘のように夕方以降のかーちゃんはつらそうでした。「腰が痛い腰が痛い」と繰り返して立てないほどに疲れています。陣痛で痛むのはおなかなのかと思っていたママは、出産とは母親が文字どおり全身全霊で取り組む、大変な仕事であることをまざまざと思い知らされたのでした。

かーちゃんは出された夕食をほとんど食べられませんでした。陣痛促進剤の投与が止まったあとも、断続的に陣痛が押し寄せて、かなり痛そうな様子でした。子宮口が十分な広さまで広がらないと、いきんでしまってはいけないのです。だから、いきむ力を逃がすために、おしりにテニスボールを押しつけて痛みを和らげる作業が必要になります。ママは、分娩台に横を向いて寝た状態のかーちゃんの横に寄り添うように寝て、かーちゃんが「押して！」と言うとテニスボールをぐーっと押す作業を繰り返しました。

深夜になっても陣痛が収まることはなく、かーちゃんはずっと痛がっていました。じっとこらえるように「痛い……」と呻《うめ》くのです。ママは背中をさすったり、テニスボールをおしりに押しつけたり、少しでもかーちゃんが楽になるように、できるわずかなことをしつづけました。深夜を過ぎて薄暗い分娩室で、狭い分娩台に2人で横になって同じ作業を繰り返していると、一緒に闘っているような気持ちになりました。「闘い」ではないのですが（笑）。それほど長く大変な作業なのです。

午前1時半を過ぎたころから、ママは不覚にも、ときどきウトウトしはじめてしまいました。「押して！」と言うかーちゃんの声で起きて慌ててテニスボールを押したりしていたのですが、最後はあきらめたかーちゃんが自分で押しはじめました。ママは寝てしまっていたのです。

こんな状態でかーちゃんをひとりにはできないと思っていたママでしたが、2時半ごろにかーちゃんが「大丈夫だから一回家に帰っていいよ」と言いました。病院の待合室で寝るのも可能とのことでしたが、「お風呂に入ってすっきりして、また明日フレッシュな状態で来て」と言うかーちゃんの言葉に、それもいいかなと思っていったん帰宅することにしました。

帰り道、静まり返った住宅街の小径《こみち》をひとりで歩きながら、「明日この道を通って家に帰るときには、無事に生まれているのかな……」と祈るように思いました。「祈りの小径」が「幸せの小径」になればいいな、そんなことを考えながら家路につきました。

生まれる前から、ママはずっと泣いてたよ

2019年5月29日。7時から陣痛促進剤の措置を再開する予定だったので6時半には行くつもりでしたが、朝早くにかーちゃんから少しスタートが遅れると連絡がありました。連絡が入ったとき、ママは急いでかーちゃんの大好きなおにぎりを握っていました。数日前に入院準備をしていたとき、「入院中に何か食べたいものある?」とかーちゃんに聞くと、「おにぎり」と言っていたからです。少しだけゆとりができたので、別の種類のふりかけ

と具材を使ったおにぎりを追加で作りました。

朝7時半ころに病院に到着すると、かーちゃんは分娩台で朝ご飯を食べていました。深夜に別れたときと比べると断然元気な様子です。「痛くないの？　大丈夫？」と聞くと、「なんかね、（この痛みに）慣れてきた」と笑っています。その様子を見てママは、かーちゃんの強さに感銘を受けるとともに、「これできっと大丈夫だ」と思いました。


いよいよ2日目の陣痛促進剤投与が始まりました。この日は、かーちゃんの様子が違っていました。前日の夕方以降あれほど「痛い」と言っていたのに、一度も「痛い」と言わないのです。ママは「この人は本当に強い人なんだな」と再び感じ入ったのでした。

陣痛の波が断続的に押し寄せ、そのたびにかーちゃんは決意したような表情で痛みを逃がす作業を繰り返します。ママはこの日も分娩台の横に立ち、タオルを片手に汗を拭いてあげたり、手を握ってあげたり励ましつづけました。子宮口がしっかりと開いて、赤ちゃんが通ってくる産道の準備ができるのを待つのです。

10時半過ぎ。先生の診察があるというので、部屋から出るように助産師さんに言われました。ずっと立ち会っているのに、そのときだけ出されるのがママは理解できず、ちょっと不満でした。なんだか「パパ扱い」されているようで、その点も微妙だな……と感じたりもしたのですが、まあ、それは仕方ないですね。だってパパなんだから（笑）。

11時前に扉が開き、助産師さんから「子宮口がほぼ十分に開いたので、これから分娩体制に入ります」と告げられました。いよいよです。かーちゃんは落ち着いた様子で、少し上気した顔に集中力を高めているように見えました。

分娩台の横の計器が示す赤ちゃんの心拍音も安定しているようでした。「しゅんしゅんしゅんしゅんしゅんしゅんしゅん……」陣痛の波が来る間隔もかなり短くなってきました。助産師さんの人数も増えて、分娩室は熱気に包まれます。この日、助産師研修中の学生さんに出産の様子を見学させてもいいか、と事前に聞かれて承諾していたので、このタイミングでそれらしい人たちが部屋に入ってきて、「生まれてくる瞬間」が近づいてきたことを示していました。

かーちゃんの左側に立って、ママはずっと励ましつづけます。ただし11時以降は、陣痛が来たときに助産師さんたちが「さあ呼吸して――すっすっ、はぁ――――はい、いきんで！」と大きな声を出します。ついに「いきんで」よくなったのです。かーちゃんは懸命にいきみます。ママは、手を握りながら「がんばれ！」と声をかけます。かーちゃんがいちばん大変なのですが、隣で励ますママも力が入り、声がけのテンションも上がっていきました。

分娩体制に入って1時間以上が経過、正午を過ぎてもまだ生まれてきません。助産師さんが「ちょっと栄養を入れましょう！」と提案し、少し休憩して、ママが買ってきていたゼリーの栄養剤をかーちゃんに飲ませました。

かーちゃんは「ちゃんと出てくるかな……」と少しだけ不安そうな言葉を口にしました。ママは、「大丈夫大丈夫！」と励ましながら、団扇《うちわ》で風をおくったり、ストローを付けたペットボトルで水を飲ませたり、自分ができることをするだけでした。何よりも安心してもらうことを意識しました。

そのタイミングで、助産師さんチームのシフトに変更があり、新たな人が付いてくれました。再開してかーちゃんがいきむ様子を見て、「谷生さん、いきむのとっても上手です。ただ、いきむ時間をもう少しだけ長く、長くください」と言いました。かーちゃんがあとから語ったところによると、このアドバイスがすごく役に立ったそうです。「なんだ、もっと長くいきめばいいのか」と思ったのだとか。ママにはすでに限界までいきんでいるように見えていましたが、まだ余力があったとは驚きでした。

それ以降、陣痛が来たときのいきみ方がはっきり変わったのがわかりました。「すっ、すっ」と鼻で息を吸い込んで、

「うっ――――――――ん!! はぁ～!」

くらいだったのが、

「すっすっ、うっ――――――――――――――ん、くはあ!」

となったのです。最後の息を吐く声がかーちゃんの全力を表していました。女の人が出産するとき、こんな声が出るんだとママは隣で圧倒されるような思いでした。人によっていろいろな声の出し方がきっとあると思いますが、かーちゃんのそれは、力強い崇高な命のほとばしりを感じさせるものでした。

ママの声がけも、気がつけばなぜか「がんばれ、がんばれ!」ではなく、「がんばるマン! がんばるマン!!」に変わっていました。なんというか……「ゴロがいい」というか、そのほうがリズムに乗って勢いがつく気がしたのです。

かーちゃんの

「うっ――――――――――ん！」

に合わせて、

「がんばるマン！　がんばるマン‼」

と連呼していました。

かーちゃんの気合が伝わったのか、おなかでのんびりしていたももが少しずつ、でも確実に産道を降りてきていました。かーちゃんが文字どおり全力でいきんでいるとき、赤ちゃんの心音がゆっくりになるのです。ももが頑張っていることが伝わってきました。

それにしても、かーちゃんの一連の「いきみ」は本当に力強く、ママは、神々しささえ感じました。きっと前日の何倍も痛かったはずなのに、痛そうなそぶりさえ見せず、淡々と全身全霊のいきみを続けていました。いきむ声と吐く音、それ以外の言葉は一言も発しません。隣で励ますママは、その様子にいちばん感動しました。「なんて強い人なんだろう……」と。午後1時を過ぎたころから、ママは涙を止めることができませんでした。

赤ちゃんが無事に生まれたときに感動して泣いてしまうかも、とは予想していました。でも現実には、ももが生まれる少し前からママは感動で泣いていたのです。かーちゃんの頑張る姿に圧倒されて。

もっと泣け！ もっと泣け！

新たに分娩室には、生まれたときにへその緒を切る産婦人科の先生も入室してきました。準備万端、いよいよです。誕生の瞬間が刻一刻と近づいていることを感じました。

「はい、いきんで――もっともっと――――！」

という助産師さんの掛け声と、かーちゃんの
「すっ、すっ、うっ――――――――――ん!! くはぁ――――――――!!」

の声が部屋全体のボルテージをどんどん上げていきます。ママは、

「がんばるマン！ がんばるマ――――ン!!」

と叫びます。

「しゅんしゅんしゅんしゅんしゅん……」

心拍音が速くなったりゆっくりになったり、大丈夫、元気にももも頑張っています。

午後1時半過ぎ。

「は――い、赤ちゃんの頭が見えてきましたよー！」

助産師さんが大きな声で教えてくれました。ついに来る！ 応援するだけのママも汗

びっしょりです。少しでも風をおくろうとママは一生懸命に団扇であおぎます。

「ちゃんと髪の毛も生えてますよ～」

ママが髪の毛がちゃんと生えてるか心配していたのを覚えていてくれたようで、助産師さんがママに教えてくれました。一瞬ママの顔がほころびます。

「次で行きましょう！」

助産師さんのチーフが叫びました。束の間の陣痛の合間に、ママはかーちゃんの額の汗をタオルでぬぐい、水を飲ませます。そのあとかーちゃんの手をぎゅっと握りました。「大丈夫大丈夫!!」涙ながらに励まします。もう無我夢中でした。

次の陣痛で、一気にかーちゃんがいきみました。

「うっ――――――――――――ん!!」

「がんばるマン！　がんばるマ―――――ン!!!」

「はい、頭が出てきましたよ――生まれますよ――――――!!　はい、大きく息を吐いてください――！　ふぅ――――ふぅ――――――――」

「ふぅ――――ふぅうう――――――――――」

かーちゃんが息を大きく吐きました。

「……うぇん」

「おめでとうございます――――!!」

「え!?」

一瞬何が起きたのかわかりませんでした。まだ赤ちゃんが見えなかったからです。「もしかして、いまのは産声？　え、生まれたの？」と思って、助産師さんや産婦人科の先生の集まるほうを見た次の瞬間、〝ぴろ――――ん！〟と赤ちゃんが取り上げられて、一気に全身が目に飛び込んできました。

「あぁあ――――生まれたあぁぁぁぁぁぁぁぁ――――！」

間違いありません。赤ちゃんです。ママは号泣しながら叫びました。ピンク色に包まれた小さな赤ちゃん。なんて綺麗なんでしょう……。

「元気な女の子ですよ――――おめでとうございますー」

チーフ助産師さんの言葉を合図に、部屋の人たちが一斉に拍手をしてくれたような気がします。

「うぇん、うぇん」

想像していたより、泣き声は小さく感じました。そのとき、それまで一言も発していなかったかーちゃんが突然叫びました。

「もっと泣け――――！　もっと泣け――――‼」

（な、何を言ってるんだろう、この人は⁉）と一瞬思いました。でも、そうか、元気に泣くことは赤ちゃんが元気な証拠だよね、とすぐに合点がいきました。ももに、もっと元気に泣くように励ましていたのです。かーちゃんは、どこまでも冷静でした。本当は大興奮状態にあったはずなのに。

「はい、午後1時36分、ですね。ちょっとあちらでチェックしますからねー」と言って赤ちゃんが助産師さんに抱っこされて少し奥にある計器のほうへ連れていかれました。すると、かーちゃんの呼びかけに呼応するように、ももが大きな声で泣きはじめたのです。

「うえ――ん、うえ――――ん！」

少しずついわゆる「オギャー、オギャー」に近いような泣き声になっていきました。ママは号泣しながら、「頑張ったね——」とかーちゃんに話しかけました。するとかーちゃんは、またしてもまったく予想もしていなかった一言を発したのです。左側にいたママのほうに首を傾けると、目をじっと見据えて、こう言いました。

「これはなかなかの大仕事だったよ!!」

本当に、そうでした。かーちゃんとママの赤ちゃんが無事に生まれたのです。それは、あらゆる賛辞を尽くしても表現できない大変な大仕事でした。

「ようこそ、世界へ!」

程なくして、奥から白いタオルにくるまれたももが抱っこで運ばれて、かーちゃんのおなかに乗せられました。ちょうどママのほうを向くような格好になって、ママと目が合いました。眠そうな、いまにも閉じそうな目で、ママのほうを見たのです。ももと目が合った初めての瞬間でした。

そのとき、それまでの人生で経験したことのない痺れるような感覚が全身を走りました。

「ようこそ、世界へ――!」

思わず、そんな言葉をかけていました。そして次に浮かんだのはこうでした。

「きみはどこからきたの――?」

いままでいなかった、小さなちいさな「いきもの」が目の前にいるのです。本当に不思議な気持ちでした。「この小さないきものはどこから来たのだろう……」と。その小さないのちは、かーちゃんとママの子どもなのです。ちっちゃい手首にはかーちゃんの名前が書かれたリストバンドを付けていました。

ママの発した言葉に反応して、かーちゃんが言いました。

「このおなかだぞ!」

もも、かーちゃんはこうしてきみを見事に産み、ももはこの世界に生を受けたのです。しばらくの間、かーちゃんに抱えられながらおなかに乗っていたももは、別室で体を綺麗にしてもらい、正確な体重を量るということで、助産師さんに抱っこされて新生児室に連れていかれました。並行して、後産をするというので、ママは部屋から出るように指示されました。ママは興奮冷めやらぬなか、ひとりで待合室の個室に入り、綺麗にしてもらったももと、後産の終わったかーちゃんとの再会を待つことにしました。

静かな待合室でひとり歓びをかみしめていると、また涙があふれてきました。「子どもをもつことはない」と一度は決めて歩いてきたはずの自分の人生に、こんな幸せが舞い降りてくるとは。感じたことのない不思議な気持ちに全身が包まれていました。

（これを奇蹟と呼ばずして何と呼べばいいのだろう……）

気絶するほどのうれしさが体中を満たしました。

「アルハンドレラ――――！　Yeahhhhhhhhhhh!!!!!!」

思わず、ひとりで叫んでいました。形容しがたい幸せな気持ちを、歓びをアラビア語と英語で叫び、文字どおり全身で表現しました。「アルハンドレラー」とは、神に感謝、という意味のアラビア語で、エジプト人を含めたアラブ人がよく使う表現です。思えば、かーちゃんとの出会いもエジプトでした。

その後、今度は気持ち小さな声で、ひとり万歳三唱をしました。こんなにうれしい万歳三唱は生まれて初めてでした。

それから1時間ほど経ったころに分娩室に呼ばれました。再び赤ちゃんとの対面です。かーちゃんと待っていると、助産師チームのチーフの人がももを大切そうに抱えて部屋に入ってきました。そっとベッドに横たわるかーちゃんに渡します。ももは眠っていました。

「出てきたよー、って。ももちゃんも疲れたねー。がんばったねー」

かーちゃんはももに優しく語りかけています。かーちゃんは大仕事を成し遂げてほっとした様子で、ぐったりと疲れていました。ももは、気持ちよさそうにおくるみにくるまれて寝ています。小さなちいさな手を結んでいたので、そっと触れると、少しだけぎゅっと握り返してくれました。

ママも早く抱っこしたくてたまりませんでした。それを察したのか、かーちゃんが、

「抱っこしてみれば？」

と言いました。どきどきの瞬間です。

おそるおそる受け取ると、それまでに手にした何よりも、大切な存在の重みを感じました。3084グラム。それほど重くないはずなのに、途方もなく重いように感じられました。だって、私の赤ちゃんなのです。

「パパだけどママだよ〜。よろしくね――」

こう優しく話しかけました。そして、真っ先にももに伝えたかったことを続けました。

「この世界には、美しい国や場所がいっぱいあって、綺麗な景色、出会うに値するすばらしい人たちがたくさんいるからね。見たこともないすばらしいところに、みんなで一緒に行っていいっぱい、いーっぱい、冒険しよう。楽しいことや面白いことをたくさんたくさんしようねー。

ママとかーちゃんはずーっと、ずーっと、ももちゃんの味方だからね――――！

ようこそ、世界へ――!!」


ママは、何より、この世界にももが誕生したことを祝福したかったのです。そして、この世界や人生には、歓びがたくさんあることを伝えたかったのです。

ももは、聞いているのかいないのか、ママの胸でぐーぐー寝たままです。

「なんか……感動して、泣きそうです……本当におめでとうございます」

チーフ助産師さんがぽつりとつぶやきました。彼女は入院からずっとかーちゃんとママを支えてくれました。お世話になった人から温かい言葉をもらって、ママこそ幸せでまた涙が出てきました。

ももが生まれて初めての写真や動画をこのときに撮影しました。ももは、この日の映像を見るのが大好きですね。ママも自分が生まれたときの写真を見たり、神戸ばあばから話を聞いたりするのが大好きだったからよくわかります。なんともいえない温かく幸せな気持ちになりますよね。12歳になったももに、ももがどんなふうに生まれてきたのか、それを伝えたくて、ママはこれを書いているのです。ももは、本当にかーちゃんとママが心から望んで誕生したのです。

ももがかーちゃんとママの人生に加わってくれたことで、私たちはもっと幸せになりました。「人生の歓びとはシェアすること」とママが考えていることは、すでに話しましたね。いま、かーちゃんとママはうれしいことや悲しいことを、ももとシェアできるのです。人生の大切な物語やかけがえのない瞬間をシェアできる家族として。ももの誕生日となったこの日の出来事を、かーちゃんとママは一生忘れません。そして、このとき感じた幸せな気持ちを、ももとずっとシェアしつづけたいと思います。

しばらくすると、分娩室から入院する部屋に移動しても大丈夫、との判断が下りました。2人で部屋を移動すると、かーちゃんが「おなかすいた。おにぎり食べたい」と言いました。

ママは、興奮のあまり忘れそうになっていましたが、かーちゃんはママが握っていったおにぎりのことを覚えていたのです。ようやく落ち着いて、空腹を覚えるほどに体調が戻ってきたのでした。

かーちゃんは、おにぎりを2つ食べて「おいしい」と言ってくれました。

こうしてママは、パパだけど、ママになりました。

おわりに　～誰も歩いたことのない道を

ももは、無事にすくすくと育ち3歳9か月になりました。生まれたときから身長は倍以上、体重は5倍ほどになり、いまや赤ちゃんではなく、幼い女の子です。

自分のことを呼ぶときに、去年のいまごろまでは「もーたんね～」と言っていたのが少しずつ「ももたんね～」に変わり、それがいまでは「ももちゃんね～」です。「ばんばんばん」と言っていたのは何のことかわかりますか？　こちらは、2歳を過ぎたころから「あんまんまん」に変わり、いまではは っきりと「アンパンマン」と言えるようになりました。

最近では自分の意思をしっかりもって、主張もしっかりしてきます。ママには「ママはこれたべちゃだめ～」と意地悪してきたり、「このコト（チョコ）はでーんぶ（ぜーんぶ）ももちゃんの！」とお菓子を分けてくれなかったり、は日常茶飯事です。ママがぼーっとしているのを見ると、「ママはじぶんのこと、たんと（ちゃんと）はやくちなたい（しなさい）！」と上から目線で言ってきたりもします。これは、かーちゃんの真似ですね、明らかに（笑）。

でも、そうかと思えば仕事に向かうママに、

「ちゃちゃっといちごと（おしごと）ばんがって（がんばって）はやくかえってきてね～」

と言ってくれたり、

「ママはこっとことい（おっちょこちょい）だからた～（さー）、きをつけてね～」

と心配してくれたりもします。

言いたいことを相手に伝える表現力も豊かになり、すっかり「おねえちゃん」のように振る舞うのが好きになりましたね。「しってる～～?」と言って伝えたいことを上手に話してくれます。また、ぬいぐるみのお友だちを赤ちゃんにして、いつも「たーたん」や「ママ」になって世話をして遊ぶ姿を微笑ましく見ています。でも、まだまだ赤ちゃんに戻った遊びをしては、かーちゃんやママに甘えてきます。そんなももを、心から愛おしく思います。

かーちゃんやママの腕の中でおっぱいやミルクを飲むことと泣くこと以外、ほとんど何もできなかったももが少しずつ、少しずつ、でも確実に、日々成長するのを見守ってきました。

初めて寝返りができた日、初めてつかまり立ちができた日、初めて歩けた日……たくさんの「はじめて」をうれしそうに乗り越えていくももを、かーちゃんといちばん間近に見

て感じながら、2人で一緒に育てられるのは、本当に幸せなことです。

成長するにつれてできることが増え、最近では「ももの世界のようなもの」を感じさせるようになってきました。部屋の端っこに布団や毛布を敷いて、ぬいぐるみやおもちゃを置いたり、病院や学校、秘密のおうちにしたりするのも大好きですね。また、ソファーに「手紙」やカードを隠したり、かーちゃんやママに注目してほしくて、大声を出しながらソファーに飛び込んだり——実は、どれもママが小さなころ好きだったことです。

かーちゃんはいつも言います。

「ももを見ていると、見たことがないはずのあなたの子ども時代が目に浮かぶ」と。

子育てとは、赤ちゃんから乳幼児のころ、不思議な行動や突然の成長に日々触れつづけることで、自分の幼かった日々を追体験して、わが子への愛情がさらに深くなっていく過程なのかもしれません。

今年1月に忘れられないことがありました。スタジオ地図・細田守監督のアニメーション映画『竜とそばかすの姫』をももが初めて観た日のこと。ママが事実上初めてプロデューサーとして、必死かつ全力で取り組んだ作品です。

インターネット空間〈U〉で乱暴な行為を繰り返す「竜」のことを最初は「こわい……」と言っていたももでしたが、途中で、

「うぅ（りゅう）はた（さ）～、ほんとうはやさちぃ（やさしい）んだよね～」

と的を射たコメントをしてママは驚きました。そして、夢中で観てくれる姿に心からうれしくなったのです。

観終わってしばらくして、ももが予想もしていなかったことを言ってくれました。

「ママ、いちばん、いちばん、だ――いすき」

初めて言ってくれましたね。それまでかーちゃんには何度も言っているのをすぐそばで聞いていました。「ママは？」とすぐさま聞くと、「ママはいちばんだいすきじゃない……」と決まって言われ、ママをからかっていることを知りつつも寂しかったのです。ときどきは「だいすき」と言ってくれていましたが、こんなにも強調して言われたのは、初めてでした。

でもね、もも、ママはもものことが、もっともっともっともっと、何千、何万倍も大好きです。ママの幸せは、ももなのです。

そして、ママとかーちゃんのそれぞれのばあばとじいじにとっても、ももは歓びです。

ももと一緒に初めて神戸の実家に帰ったお正月、暖かな陽光が差し込む光景のなか撮影した写真があります。まだ歩けず居間のソファーにちょこんと座ったももを、神戸じいじがあやしています。光に照らされた2人の頭が光っているのを見て、ママが撮影しました。「2人ともハゲや」と笑いながら両親に見せると、神戸じいじがぽつりと言いました。

「ハゲ同士や」

それは、神戸じいじが初めて自らを「ハゲ」と称した歴史的瞬間でした。

ママが「ハゲー」と叫んでぼこぼこに殴られた日から40年近く経ち、こんな日が来たことが信じられませんでした。ママは、神戸じいじを許せてはいません。それでも、ももを心からかわいがる老いた父親を見て、「もういいかな」と感じたのです。もう十分、見返したかな、と。

人生とは、予測不能なものです。ママは、もものような愛らしい子どもがいる人生を想像できませんでした。そして、ももが父親のハゲ頭を「ぱちん！」と叩きまくり、父親が「あいたー！」と喜ぶ姿も。ももが一発叩くたびに、ママの幼き日の傷がひとつ癒やされていくのです。

ももは、成長を感じる瞬間、そのたびにいつも驚きと大きな歓びをもたらしてくれます。

これからの人生のチャプターでは、ときには悲しみや試練を経験することもあるでしょう。

それでも、ももとかーちゃんと3人の人生を生きている、いまこのときを、ママは力いっぱい抱きしめたいと思います。

1994年製作（日本公開は1995年）の映画『フォレスト・ガンプ 一期一会』の有名なセリフを紹介します。

"My mama always said, 'Life was like a box of chocolates; you never know what you're gonaa get.'"
（ママがいつも言ってた。人生はチョコレートの箱みたいなもの。食べてみるまで中身がわからない、と）※著者訳

ママの人生は、ももが生まれてきたことで、それ以前よりはるかに楽しい冒険になりました。ももが大人になるまで、いろいろなチョコレートを一緒に探し、おいしくて楽しい思い出をひとつでも多くつくっていきましょう。

「人生とは冒険に満ちた旅」だとママは考えています。人生の意味を語るほど、ママは悟りを開いていませんし、経験豊富でもありません。ただ、これまでの歩みを振り返って言えることならあります。人生という旅には、無限の道があります。団体旅行パックの旅もあれば、行き当たりばったりの旅やオーガナイズされた個人での旅もあります。団体でのパック旅行は、安心で楽に進むかもしれません。でもその代わりに、いつも周囲の人たちと同じ旅程をたどっていくしかなく、人と違う行動や思いつくままに行き先を変更したりすることはできません。

ママは、世界のどこへ行くときも個人で旅をしてきました。人生もまた、人とは少し違う生き方を選び、人とは違う家族の形にたどり着きました。「人と同じ」パック旅行ではない旅は、ときに面倒で、きっと時間もコストも余計にかかるでしょう。ママの人生も、浪人や留年、社会人として仕事を始めてからも、いろいろな回り道にも思えるキャリアを重ねてきました。

でもそのすべてがあるからこそ、いまのママがあるのです。人とは違う道を歩いてきたからこそ、見えた世界や感じることのできるママだけの景色があるはずです。

だからこれからもママは、「ロールモデルなき人生」を歩いていきます。胸を張って。もっともっと何かを成し遂げることができると信じながら。まだまだハングリーに。だって、まだ何も、本当に何も達成できていないからです。

「誰も歩いたことのない道を」

……ママが大好きな言葉です。人生の指針であり、スローガンといえるかもしれません。ももにとって、カッコいいママであるために、ママは自分だけの道を歩いていきます。寂しくはありません。だって、かーちゃんとももが一緒だから。

振り返ると、他人の視線や周囲の評判を気にして行動したときには、ママは喜びや楽しさを感じませんでした。ママらしい力も発揮することができませんでした。だからもも、周囲からの言葉や評価にあまり大きく影響されないでください。思春期には友だちの言葉や評価が気になって仕方ないときもあるでしょう。でも、無視することも必要なことを忘れないでください。自分の心が導く自分自身の気持ちや希望を、いちばん大切にしてください。

"I am the master of my fate: I am the captain of my soul."

（私が我が運命の支配者。私が我が魂の指揮官なのだ）※著者訳

南アフリカのネルソン・マンデラ元大統領が獄中生活で心の支えにしていたという言葉です。２００９年製作（日本公開は２０１０年）の映画『インビクタス 負けざる者たち』のなかでも、非常に印象的に使われています。アパルトヘイトという極めて非人道的で差別的な人種隔離政策下の南アフリカで、政治犯として実に28年近くの長い間、獄中生活を余儀なくされたマンデラ氏が主人公の映画です。マンデラ氏が解放後、アパルトヘイトの影響で分断されていた黒人と白人の壁を崩し、南アフリカで開催された１９９５年のラグビーワールドカップでの快進撃の象徴となっていった姿を描いた物語は、非常に力強く感動的です。

運命によって人生が決められていると信じるなら、努力をしても意味がないようにも思えるかもしれません。苦難の連続が人生の運命なら、あがいても仕方がない、とあきらめてしまうかもしれません。それでも、自分の人生、運命は自分で切り拓く、と信じて前に進むことが大きな成功につながることをこの映画は描いています。ポジティブなパワーに

あふれていて、ももにもきっと力をくれるはずです。

それでも、ももの人生、どうにもうまくいかないこともあるでしょう。人生のチャプターはハッピーなものだけで続いていくはずがないのです。どん底の状態や悲嘆に暮れるような出来事が起こるかもしれません。「あらゆる希望はもう消えた。絶望だ」と思う瞬間がももを襲うかもしれません。そんなときのために、ママがカイロ支局時代に取材したパレスチナ人オリーブ農家の話を紹介します。

パレスチナはオリーブの生産が盛んで、オリーブの枝はパレスチナの象徴です。ヨルダン川西岸に広がる白い岩がちな乾燥した土地では、オリーブの木が至る所で育てられ、オリーブオイルや食用オリーブの生産が行われています。

パレスチナは、75年以上の長きにわたるイスラエルの占領下にあり、ヨルダン川西岸は、ユダヤ人入植者たちとパレスチナ人の緊張が続いています。狂信的なユダヤ人入植者は、パレスチナ農家が大切に育てているオリーブの木々が広がる畑を焼き払うなど、信じられないような嫌がらせや暴力行為を働くことがあります。

ママが取材した男性もそうした被害に遭ったひとりでした。子どものように育てた大切なオリーブの木々が見渡す限り黒焦げになっている光景は、まるで焼き払われた墓場のようでした。大切な生活の糧を得るための資産の多くを突然理不尽にも奪われたのです。男性の顔は悲しみにあふれ、事態の複雑さと、占領がもたらす不条理な現実に、取材しながらママは暗澹《あんたん》たる気持ちに包まれました。思わず、インタビューしながらこんな質問を投げかけました。

「イスラエルの占領は終わるどころか、入植者たちの非合法な嫌がらせはひどくなる一方です。こうした光景を見ていると、もはやそこに希望はないのか、という気がしてしまいますが……」

ママは、「希望なんてあるわけないですよ。状況は絶望的です。見てのとおりです」といった答えを「期待」しました。そうしたコメントが企画の締めになるかも、と感じながら。

浅はかなママの想定とは裏腹に、まったく予想していなかった答えが返ってきました。

「いえ、〝**希望**〟**は常にあります**。人間は希望なしには生きていけないですから」

頭をハンマーでガンッと叩かれたような気がしました。そして、自分が恥ずかしくなりました。簡単に「こんな現状には希望はない」と思ってしまったことを。すぐに「絶望的で希望はない」と考えていた自分の心のあり方そのものを。

彼がくれたこの言葉は、時間が経てばたつほど、ママの琴線に触れ、心の奥底できらきらとした光を放ちました。

「そこに希望は常にある」なぜなら、「希望なしに人間は生きていけないから」。そうなのです。もも、**希望は常にそこにある**のです。人間は希望をもつことでしか、生きつづけていけないのです。どんなに苦しくて、〝絶望的〟に思える状況でも、希望は必ずそこにあるはずです。人生には、生きるに値するすばらしいものがきっとあるからです。

これから人生という長い旅路を、独立した人間として歩んでいくとき、行き詰まったとき、この言葉をどうか思い出してください。

最後に、かーちゃんとママがももの名前に込めた想いを記します。

ももの名前は、かーちゃんとママの2人で考えました。文字どおりの合作です。桃の木のように生命力にあふれ、大地にしっかりと根を張るような自立した存在であってほしい。かーちゃんは、そんな想いで果樹の名前を入れたい、と提案しました。

桃の果実は優しくかわいらしい色と形をしていて、豊かな甘みと芳醇《ほうじゅん》な香りは誰にも愛されるものです。原産とされる中国では、古来、仙果と呼ばれ、邪気を祓《はら》い、不老長寿を与える、とされてきたほか、日本でも邪気を祓う力があるといわれてきました。桃とは数ある果物のなかでも特別な存在なのです。ママが圧倒的に、いちばん好きな果物でもあります。

そんな桃のように多くの人に愛を与える人になってほしい。同時に、多くの人から愛される子になってほしい、そんな願いを込めました。しっかりと自立し生命力にあふれ、美しく、愛を与え、そして与えられる、そんな豊かな人生を送ってほしいと願っています。

この世界には、見るに値する美しい景色、旅するに値するすばらしい場所がたくさんあります。そして、出会うことで人生がずっと豊かになる素敵な人たちも、数えきれないほどいるのです。

何より、貴女のことをかーちゃんとママの2人は、全身全霊で愛し、慈しみ、そして全力で守っていきます。

だからどうか安心して、人生という冒険の旅を進んでいってください。

ママは今年50歳になります。ももがこの年齢になるときまで、ママはこの世界にいられるかわかりません。どんなに幸運だったとしても、ずっと人生を共に生きていくことはできません。いつの日か、ももは自分の人生を自分で切り拓いていくときが来るのです。

だからもも、どうかももが愛し、愛される人との出会いに恵まれ、好きな人たちに囲まれる愛に満ちあふれた人生を送りますように。

ママは、ひたすらに、ただひたすらに、ももの幸せを願っています。

最愛のももへ。心の限りの愛をこめて。だいすきよ。

２０２３年３月　思い出の地　伊豆にて　ママより

あとがき　～皆に感謝を

幼き日、本を読むことが大好きな子どもだった。絵本はボロボロになってもテープで補修して何度も何度も兄弟で回し読みした。小学校に入る前から母に連れられて、隣町の（神戸）北区民センターにあった図書館に通いはじめ、中学生まで通ったし、高校生になると神戸市立中央図書館に行けることがうれしかった。本好きになるよう育ててくれた母には、本好きにしてくれたことについても御礼を言いたい。

そんな母は、やりくりしたお金でときどき本を買ってくれた。なかなか買ってくれなかったおもちゃとは違い、本だけは特別扱いをしてくれていたようだった。少し成長して、京都の祖母にも買ってもらったり、親戚からもらった図書券で本を買ったりすることは、特別な贅沢に感じられた。小学校高学年になって、お年玉やお小遣いを貯めて好きな本を初めて自分で買えたときには、本当にうれしかった。

そんなふうにして数多くの本に触れるうちに、いつしかひとつの夢をもつようになった。

「大きくなったら、本を書きたい」

どんなジャンルなのか、何についての本なのか、具体的に決めていたわけではない。ただ、いつか自分の本を出版したい、という強い気持ちは心にもちつづけていた。

学生時代のバックパッカー旅行中に書いた旅日記。特派員の任務を終えて書きはじめたノンフィクション。いずれも、未完のまま終わった。とくに後者は、具体的な企画として動いていただけに、書ききれなかったことに悔いが残った。だが、仕事をしながら「副業」として1冊の本を書ききることがいかに大変か、大きな教訓を得ることはできた。

だから今回、私の最大の課題は、「何があっても最後まで書ききること」だった。いま、こうして無事にあとがきを書くに至ったことに安堵し、達成感を感じている。未完に終わった旅日記や特派員時代の記録の一部も本書に盛り込むことができた。

書き終えるための題材として、娘に向けての手紙以上にふさわしいものはなかったと思う。このテーマだったからこそ、大きなモチベーションを保ちつづけ、幼き日の記憶のかけらを発掘したり、若き日の出来事をたどったりしながら、物語を構築して項目を重ねられたのだろう。仕事で疲れて帰ってきたときや、週末に力が出ないときも、無邪気な笑顔と屈託のないしぐさで駆け寄ってくる娘がいつもエネルギーを与えてくれたからこそ、書きつづけることができた。

本文にも書いたが、娘のももには、真っ先にありがとうと伝えたい。本当にありがとう。おかげでなんとか、やり遂げることができました。

本書の企画は、去年の春、仕事関係の会食の場にて、「本を書きたい」と口にしたことに端を発している。そこから、あれよあれよという間に、具体的な話が動き出し、去年の夏から執筆を始めた。最初の打ち合わせで、企画書を説明する私の言葉から発想して、本書の重要な切り口について、大きなアドバイスを頂いたアスコムの高橋克佳社長には、心から感謝を申し上げたい。また同社の担当編集の斎藤和佳さんには、絶妙のタイミングでの原稿確認をはじめ、いつも支えていただいた。こちらも御礼を申し上げたい。

本書の端緒から最後まで、お付き合いいただき、「谷生さんの本が読みたいです」といつも励ましてくれたのは、博報堂の小沼利行さんと博報堂ＤＹメディアパートナーズの細谷まどかさんである。ときに厳しくも、的を射た愛のあるご意見を何度も頂いたおふたりがいなければ、本書は誕生していなかった。熱く厚く御礼の気持ちをお伝えしたい。

さらに、編集協力の澤近朋子さんには、的確な作業で大きく助けていただいた。ありがとうございました。

最後に、ただし最大限の感謝を伝えたいのは、最愛の伴侶《パートナー》・あづさをおいてほかにいない。本書の執筆が始まって以降、多くの週末で私が書くことに集中できる時間をつくってくれた。平日でも、ときにワンオペになることも多いなか、執筆を最優先に位置づけることを許してくれなければ、書き終えることはできなかった。だから、この本はももへの手紙だが、あづさにも心からの感謝の気持ちを込めて捧げたいと思う。本当にありがとうございました。

この本は極めて個人的な動機から生まれた。わが家族のもも、そしてあづさにとってかけがえのないものになることを願っている。そして、手に取ってくださった読者の皆さんにとって、励ましや何らかの気づき、前向きに生きる力に少しでもつながれば、筆者にとって望外の喜びである。

2023年5月29日　娘の4歳の誕生日に

谷生俊美

パパだけど、ママになりました

女性として生きることを決めた「パパ」が、「ママ」として贈る最愛のわが子への手紙

発行日　2023年9月13日　第1刷

著者　谷生俊美

本書プロジェクトチーム

編集統括	柿内尚文
編集担当	高橋克佳、斎藤和佳
編集協力	澤近朋子
デザイン・DTP	菊池崇（ドットスタジオ）
カバー・本文イラスト	かーちゃん
撮影	三田村優
ヘアメイク	伊藤梓
スタイリング	青柳裕美（Azzurro）
衣装協力	大丸松坂屋百貨店ファッションサブスクリプションサービス「アナザーアドレス」anotheraddress.jp
Special Thanks	小沼利行、細谷まどか
営業統括	丸山敏生
営業推進	増尾友裕、綱脇愛、桐山敦子、相澤いづみ、寺内未来子
販売促進	池田孝一郎、石井耕平、熊切絵理、菊山清佳、山口瑞穂、吉村寿美子、矢橋寛子、遠藤真知子、森田真紀、氏家和佳子
プロモーション	山田美恵、山口朋枝
講演・マネジメント事業	斎藤和佳、志水公美
編集	小林英史、栗田亘、村上芳子、大住兼正、菊地貴広、山田吉之、大西志帆、福田麻衣
メディア開発	池田剛、中山景、中村悟志、長野太介、入江翔子
管理部	早坂裕子、生越こずえ、本間美咲
マネジメント	坂下毅
発行人	高橋克佳

発行所　株式会社アスコム

〒105-0003
東京都港区西新橋2-23-1　3東洋海事ビル
第2編集部　TEL：03-5425-8223
営　業　局　TEL：03-5425-6626　FAX：03-5425-6770

印刷・製本　株式会社光邦

Printed in Japan ISBN 978-4-7762-1304-8